U0367299

进口至美国

商业进口指南

胡妤 译

IMPORTING INTO
THE UNITED STATES
A GUIDE FOR
COMMERCIAL IMPORTERS

上海交通大学出版社
SHANGHAI JIAO TONG UNIVERSITY PRESS

内容提要

本书译自世界海关组织发布的 *Importing into the United States: A Guide for Commercial Importers*，该指南以 2002 年《美国贸易法》和《美国海关现代化法》(《北美自由贸易协定实施法》第 6 卷)为依据，对美国进口通关流程进行了详细的介绍。本书适合从事国际贸易研究与实践的人员阅读使用。

图书在版编目(CIP)数据

进口至美国:商业进口指南/胡妤译.—上海:
上海交通大学出版社,2024.9—ISBN 978-7-313-31224
-2

Ⅰ.F757.125.2-62

中国国家版本馆 CIP 数据核字第 2024ZD2573 号

进口至美国——商业进口指南
JINKOU ZHI MEIGUO——SHANGYE JINKOU ZHINAN

译　　者:胡　妤
出版发行:上海交通大学出版社　　　地　　址:上海市番禺路 951 号
邮政编码:200030　　　　　　　　　　电　　话:021-64071208
印　　制:上海万卷印刷股份有限公司　经　　销:全国新华书店
开　　本:787mm×1092mm　1/16　　印　　张:14
字　　数:233 千字
版　　次:2024 年 9 月第 1 版　　　　印　　次:2024 年 9 月第 1 次印刷
书　　号:ISBN 978-7-313-31224-2
定　　价:79.00 元

版权所有　侵权必究
告读者:如发现本书有印装质量问题请与印刷厂质量科联系
联系电话:021-56928178

译者前言

随着经济全球化和科技的发展,世界各国和地区的政治、经济、文化的交流已成为不可逆转的趋势。海关作为国家政策的执行机关,在当今经济全球化浪潮中具有重要而特殊的地位,肩负守卫国家经济大门、维护国家经济利益、服务经济发展和保护社会安全的重任。而在当今经济日益全球化和供应链日趋一体化的背景下,要完成上述任务,单凭一个国家或地区海关之力已成天方夜谭。同时,区域贸易一体化的发展,也要求各国和地区海关制定统一、协调、一致的标准和做法,以实现贸易便利化,减少制度上的交易成本,提高企业的效益,促进不同国家和地区之间商品的有效流动,实现不同国家和地区间的互惠互利。同时,海关面临的执法环境日益复杂,因此,只有建立有效的国际间海关的合作机制,共享信息,学习彼此的做法和经验,才能更好地打击违法犯罪活动。

为了提高我国海关的执法水平和服务水平,我们不但需要了解海关执法相关的国际规则,也要学习国际海关先进的管理经验。这就需要我们对国际海关经典工具类、指南类书籍、手册等进行译介,以供国内海关和企业相关从业人员学习和研究。国际海关经典工具类、指南类书籍、手册的翻译工作必将有助于我国海关相关人员学习国际海关先进理念和技术,有利于推动我国海关的现代化进程,进而有助于我国海关智库的建设,并最终满足服务社会、服务国家发展的需要。

为此,上海海关学院海关外语系组织专门的翻译团队,结合海关事业发展的实际需求,翻译出版与世界海关组织进出口业务相关的书籍,可供海关管理部门、企业经营管理者、海关院校的师生、相关研究人员参考使用,以期助力海关事业发展,同时不断提升海关外语系翻译团队教师的翻译水平,为培养复合型、高素质翻译人才做好前期的准备工作。

本书译自世界海关组织发布的《进口至美国——商业进口指南》,该指南以2002年《美国贸易法》和《美国海关现代化法》(《北美自由贸易协定实施法》第 6 卷)为依据,对美国进口通关流程进行了详细的介绍。需要说明的是,根据中文阅读习惯,我们对原文中的标题、序号做了少量调整。

由于本书专业性强,译者虽然悉心翻译,认真核对,几易其稿,但对专业知识的理解水平和掌握程度有限,书中会存在个别错误,敬请读者批评指正。

英 文 版 的 读 者 须 知

美国海关和边境保护局(U. S. Customs and Border Protection, CBP)作为美国国土安全部的下属机构,设立于2003年3月1日,将原海关、移民归化局、边境巡逻队和动植物卫生检验局的职能合而为一。此次合并在准备期间以及正式合并之后都带来了诸多变化,目的在于保护美国边境免受高风险货物、违禁品和不安全进口商品的侵害。我们诚邀您访问美国海关和边境保护局网站(www.cbp.gov),了解可能影响您的进口交易的具体法律、法规或程序的最新信息。

* * * * * *

本版《进口至美国——商业进口指南》包含2002年《贸易法》和通常被称为《现代化法》的《海关现代化法》(《北美自由贸易协定实施法》第6卷)的相关信息。

《海关现代化法》[《北美自由贸易协定实施法》第6卷(《公法》103-182《联邦法律汇编》107卷2057号)]于1993年12月8日生效。这一法案的规定从根本上改变了进口商与海关和边境保护局之间的关系,将价值申报、商品分类和适用税率的法律责任转移至进口商方面。

《海关现代化法》的一个突出特点是,海关和边境保护局与进口商之间的关系具有知情合规性。知情合规的一个关键组成部分是美国海关与进口商的共同责任,其中美国海关和边境保护局将其要求传达给进口商;而进口商通过合理的谨慎措施,确保向美国海关和边境保护局准确、及时地提供相关进口数据。

《进口至美国——商业进口指南》就有关进口流程和进口要求提供广泛信息,我们尽最大的努力将必要的要求包括在内。但限于本出版物的篇幅,不可能涵盖所有进口法律法规。此外,本出版物并不能取代或修改这些法律法规的任何规定。考虑到立法和行政管理上的变化可能随时发生,对商品的配额限制也可能发生变动,因此,仅仅依赖本出版物中的信息可能不能达到对进口商所要求的"合理谨慎"标准。

我们敦促有关各方联系其最近的美国海关和边境保护局办公室,获取有关具体问题的信息。美国海关和边境保护局入境口岸及其地址电话可在官方网站的"口岸"一栏下获取。

必须强调指出,尽管本出版物提供的信息是为了促进对进口法律和法规的理解和遵守,但此处提供的信息仅用于一般目的,进口商也可以从私营部门专门从事进口的专家处获得指导,如持牌报关行、律师或顾问。

其相关法律由美国海关和边境保护局执行的联邦机构,均列明于本出版物的正文、附录和CBP的官方网站。

目 录

第1章

美国海关和边境保护局：使命与组织架构

1.1 使命

2001 年 9 月 11 日之前，前美国海关总署的主要职责是执行经修订的《1930 年关税法》。随后，海关与其他边境执法机构合并成为美国海关和边境保护机构，国土安全成为美国海关和边境保护局的首要任务：侦查、威慑和防止恐怖分子及其武器进入美国。

这项任务完全吻合美国海关和边境保护局长期以来保护和促进国际贸易的职责。美国海关和边境保护局保留其传统业务，即通过评估和征收与国际运输和贸易相关的税费来保护国家财政收入。此外，通过向进口方提供程序指导，美国海关和边境保护局加强并促进其对国内和国际海关法律法规的遵循。由此，美国海关和边境保护局帮助进口商确保其货物不受恐怖分子袭击或其他人员的恶意干涉、篡改信息或损坏集装箱或商品。

目前，海关和边境保护局是美国最主要的边境执法机构，并通过履行其一贯的职责在一定程度上完成新的使命：控制、管制和便利美国与其他国家之间的运输工具、人员和商品的流动，防止危险、有毒或有害产品进入美国，从而保护美国消费者和国内环境，保护国内工业和劳工不受不正当外国竞争的影响，发现、禁止和调查走私及其他旨在通过非法途径将麻醉品、毒品、违禁品或其他被禁止的物品运送进入美国的非法行为。

美国海关和边境保护局同时还负责发现、禁止和调查旨在逃避缴纳关税、税费的欺诈活动，或旨在逃避国际运输和贸易法律要求的活动，以及发现、禁止和调查美国入境口岸的非法国际武器、弹药、货币贩运，以及恐怖主义行为。

1.2 组织架构

1.2.1 现场办事处

美国海关和边境保护局通过一个由美国各地20个现场业务办事处组成的现场办事处结构运作,这些现场办事处向全国各地的324个入境口岸以及加拿大和加勒比地区的14个通关前办事处实施管理监督和提供业务援助。

根据地理区域设立的各地现场办事处是美国海关和边境保护局总部向全国各地的关员和负责进口的工作人员传达重要政策和程序的途径。每个现场办事处既监管一定数量的服务港口或区域港口,即那些大型、提供全方位服务并设有专门处理商业交易的工作人员分支机构的港口,也监管运输量较少的小规模入境港口。

现场办事处向其管辖地域范围内的港口提供指导,以确保美国海关和边境保护局的指导方针、政策和程序的传播和实施。进口交易在服务港口、区域港口和入境港进行,因此,这些地点将是贸易团体的主要利益所在。美国海关和边境保护局还负责执行美属维尔京群岛的海关法。

1.2.2 入境口岸

入境口岸执行日常的港口特定业务,如清关货物、征收关税和其他与进口货物有关的款项,以及接待从国外抵达的旅客。对几乎所有进入美国的货船和人员而言,口岸工作人员就是边境的代表。入境口岸是美国海关和边境保护局执行进出口法律法规和实施移民政策和计划的场所。口岸官员还进行农业检查,以保护美国免受动植物害虫或疾病的潜在携带者所带来的损害。这些害虫或疾病可能对美国农作物、牲畜、宠物和环境造成严重损害。

有关入境口岸的详细清单,请参见美国海关和边境保护局网站。

1.2.3 美国海关和边境保护局驻外办事员

下文中粗体表示在2006年5月1日前有一名美国海关和边境保护局专员、代表、国际运营专家和(或)技术代表在场。

标注 * 的表示目前正在等待部署一名美国海关和边境保护局专员、代表和(或)

国际运营专家。

Brussels，Belgium

CBP Attaché

U. S. Mission to the European Union

27 Blvd. Du Regent

1000 Brussels

Tel.：011 - 32 - 2 - 508 - 2770

Ottawa，Canada

CBP Attaché

Embassy of the United States

P. O. Box 866 station B

Ottawa，Ontario K1P 5T1

Tel.：613 - 688 - 5496

＊Hong Kong

CBP Representative

11/F.，St. John's Building

33 Garden Road，Central

Hong Kong

Tel.：011 - 852 - 2230 - 5100

Rome，Italy

CBP Representative

American Embassy

Via Veneto 119/A

00187 Rome

Tel.：011 - 39 - 06 - 4674 - 2475

Tokyo，Japan

CBP Representative

American Embassy

10 - 5，Akasaka 1 - Chome

Minato - ku

Tokyo 107 - 8420 Japan

Tel.：011 - 813 - 3224 - 5433

Mexico City，Mexico

CBP Attaché

American Embassy

Paseo de la Reforma 305

Colonia Cuauhtemoc

Mexico City，D. F.，Mexico

C. P. 06500

Tel.：011 - 52 - 55 - 5080 - 2000

New Delhi，India

CBP Representative

24 Kasturba Gandhi Marg.

New Delhi

110021 India

Tel.：011 - 91 - 11 - 2331 - 0080

﹡Panama City，Panama

CBP Representative

American Embassy

Calle 38 & Avenida Balboa

Panama City，Panama

Tel.：011 - 507 - 225 - 7562

Singapore

CBP Representative

American Embassy

27 Napier Road

Singapore 258508

Tel. : 011 - 65 - 476 - 9020

Pretoria，South Africa

ICE Attaché

American Embassy

877 Pertorius

Arcadia，Pretoria 001

Tel. : 011 - 27 - 12 - 342 - 8062

＊Bangkok，Thailand

CBP Representative

Sindhorn Building

130 - 1332 Wireless Road

Tower 2，12th Floor

Bangkok 10330

Tel. : 011 - 66 - 2 - 205 - 5015

London，United Kingdom

CBP Representative

American Embassy

24/31 Grosvenor Square

London，W1A 1AE

Tel. : 011 - 44 - 207 - 894 - 0070

1.3 对海外出口商的建议

为使您的商品更快清关,建议如下:

(1) 将要求的所有信息均包含在您的海关发票上。

(2) 仔细准备发票。发票打印清晰。在两行之间留出足够的空间。将数据填写在每列中。

(3) 确保装箱单上的完整信息均包含在您的发票上。

(4) 对每个包裹进行标记和编号,以便用发票上显示的相应标记和编号进行识别。

(5) 在发票上详细说明每个单独包裹中包含的每项商品。

(6) 除非货物被特别免除原产地的标记要求,否则须在您的货物上清楚、明显地标明原产地,并具备美国标记法要求的其他标记。

(7) 遵守美国任何适用于您货物的特殊法律的规定,例如,与食品、药品、化妆品、酒精饮料、放射性物质和其他货物相关的法律。

(8) 严格遵守您在美国的客户发送给您的有关发票、包装、标记、标签等要求的说明。他(她)可能已经仔细查看了商品到达时必须满足的要求。

(9) 与美国海关和边境保护局合作,为您的商品制定包装标准。

(10) 在您的工厂以及货物装运运输期间建立完善的安全程序,不要给毒品走私者在您运输的商品中掺入毒品的机会。

(11) 建议雇佣参与自动舱单系统(AMS)的承运人装运商品。

(12) 如果您雇佣持许可证的报关行进行交易,建议雇佣使用自动化代理接口(ABI)的报关行。

第2章

货 物 入 境

2.1 入境流程

当一批货物抵达美国时,备案进口商(即所有人、买方,或由所有人、买方或收货人指定的持牌报关行)将在货物的入境口岸向港务局长提交货物的入境文书。进口货物在货物抵达入境口岸后,经美国海关和边境保护局(CBP)批准交付货物,并支付预估关税后,方可合法进口。备案进口商有责任安排货物的检验和放行。

根据《美国法典》第19卷1484条的规定,登记备案的进口商在入境时必须采取合理谨慎措施。

注:除联系美国海关和边境保护局外,进口商还应在对特定商品有疑问时联系其他机构。例如,有关食品药品监督管理局监管产品的问题应转发至最近的食品药品监督管理局地区办事处(查看本地电话簿中的美国政府机构名录)或美国食品药品监督管理局总部进口司,电话:301.443.6553。此处理方法同样适用于酒精、烟草、枪支、野生动物产品(毛皮、兽皮、贝壳)、机动车辆以及其他由美国海关和边境保护局执行入境法的联邦机构监管的产品和商品。相关机构参见附录。

这些机构的地址和电话号码均已在附录中列出。

货物入境后可用于消费,或在到达港进入保税仓库,也可以保税运输到另一个入境口岸,并在与运抵港相同的条件下入境。可由收货人、报关行或在此目的行为中对货物享有权益的任何其他人安排将保税商品运输至某个内陆港。除非您的货物直接到达您希望入境的口岸,否则承运人可能会向您收取到该港口的额外运输费用,除非另有安排。在某些情况下,您的货物可能通过您当地的入境口岸放行,即使它们从外国抵达美国时到达的是另一个港口。在货物到达之前,必须在海关和边境保护局的入境口岸安排货物入境，提交入境文书并支付关税。

存放在外贸区的货物，不通过海关入境。

2.1.1 入境凭证

货物只能由其所有人、买方或持牌报关行办理进口。货物凭指示托运时，经托运人正确背书的提单，可以作为报关权的凭证。空运运单可用于空运货物。

在大多数情况下，由将货物运至入境口岸的承运人来认证由哪个人或哪家公司办理商品入境。该实体（即经认证的个人或公司）被海关视为货物的"所有人"。

承运人为此目的签发的文件称为"承运人证书"。在某些情况下，可以用提单副本或者装船收据办理入境。如货物不是由共同承运人进口的，则进口商在货物到达时对货物的所有权可视为入境权的充分凭证。

2.1.2 商业消费品入境

商品入境过程由两部分组成，包括：①提交所需的文件以确定商品是否可以从美国海关和边境保护局监管中放行；②提交包含关税评估和统计信息的文件。这两个过程都可以通过自动化商业系统（ACS）的自动化代理接口（ABI）程序以电子方式完成。

2.1.3 入境单证

在货物抵达美国入境口岸之日起 15 日内，必须在港务局长指定的地点提交入境单证。这些单证包括：

- 入境舱单（美国海关和边境保护局表格 7533）或立即交货申请和特别许可证（美国海关和边境保护局表格 3461）或港务局长要求的其他商品放行表格；
- 入境凭证；
- 商业发票或形式发票（如无商业发票）；
- 装箱单（如适用）；
- 确定商品可入境所需的其他文件。

如果货物需在入境时同时从海关和边境保护局监管下放行，则必须在货物入境后 10 个工作日内将商品入境申报单和预估关税保证金递交至入境口岸。

2.1.4　保证金

入境时必须附有证据,表明已向海关和边境保护局递交保证金,以涵盖可能产生的任何潜在的关税和其他税费。保证金可以通过美国本地担保公司担保,也可以美元或某些美国政府债务的形式过账。如果为了入境已雇用报关行,可以允许报关行使用其自身的保证金履行相关的保证金要求。

2.1.5　入境申报单证

提交报关单后,可对货物进行检验,或放弃检验。如果未发生任何法律或监管违规行为,则可放行该货物。在商品进入指定海关后的 10 个工作日内,应提交入境申报文件,并将预估关税存放在指定海关。入境申报单证包括:

- 商品放行后,将进口包装退回进口商、经纪人或其授权代理人;
- 入境申报单(海关和边境保护局表格 7501);
- 评估关税、收集统计数据或确定满足所有进口要求所需的其他发票和文件。使用自动化代理接口(ABI)程序可以减少或取消纸制文档。

2.1.6　立即放行

在某些情况下,可采用另一种程序实现现货立即放行,方法是在货物到达之前,填写海关和边境保护局表格 3461 申请特殊许可证,以便立即交付。采用自动舱单系统的承运人可以在离开外国后、在美国着陆前 5 天内获得有条件放行授权。如果申请获得批准,货物到达后将迅速放行。然后,必须以适当的形式(纸质或电子形式)提交一份入境申报单,并在 10 个工作日内交存预估关税。申请表格 3461 的即时放行仅限于以下类型的商品:

- 从加拿大或墨西哥运抵的商品,经港务局长批准,并有担保书存档。
- 从加拿大或墨西哥运抵的供人食用的新鲜水果和蔬菜,从紧邻边境的地区运出,并存放在入境口岸进口商的经营场所内。

- 交付给美国政府机构或官员的货物。

- 贸易展会物品。

- 关税率配额商品,以及在某些情况下受绝对配额限制的商品。绝对配额项目要求在任何时候都须正式入境。

- 在极有限的情况下,从仓库放行商品,在 10 个工作日内由某一仓库提取用于消费。

- 海关和边境保护局总部特别授权的有权立即发货的商品。

2.1.7　进口至保税仓

如果希望推迟发货,可以将货物以进口至保税仓的方式存放在海关和边境保护局保税仓库中。自进口之日起,该货物可以在保税仓库内保存 5 年。在该期间内的任何时候,入库货物可以不纳关税而复运出口,也可以按照提取之日实施的税率缴纳关税后提取消费。如果货物在海关和边境保护局的监督下被销毁,则无须缴纳关税。

当货物在保税仓库中时,在海关和边境保护局的监督下,可以通过清洁、分类、重新包装或其他可改变其状态(不属于制造工艺)的方式来处理货物。货物经处理后,在储存期内,可以不纳关税而出口,也可以在提取时按照该货物的处理后状态的适用税率经缴纳关税后提取消费。易腐物品、爆炸性物品或者禁止进口的物品不得存入保税仓库。某些限制性物品,虽然不允许从监管中放行,但可以入库。

有关保税工厂的信息载于《关税法》[①]第 311 节(《美国法典》第 19 卷 1311 条)。

2.1.8　未办理进口的货物

如果货物抵达后 15 日内没有在入境口岸或目的地港申报保税货物的进口,则该货物可置于一般订单仓库,风险和费用由进口商承担。自进口之日起 6 个月内未办理进口手续的,可以拍卖或者销毁。然而,易腐货物、易贬值货物和爆炸性物品会被更早拍卖。

[①]《1930 年关税法》在本书部分章节中亦简称为《关税法》。本书中出现的法律条文有时带有制定或修订年份(现行版本),有时省年份,除另有说明外均指同一法律条文,下文不再一一注释。——译者注

储存费、销售费用、国内税收或其他税费、关税和满足留置权的金额必须从出售未报关货物所得的款项中扣除。剩余销售收入的索赔可向下达指令将商品发送销售的港务局长提出。任何此类收益的索赔必须在出售后 10 天内提出,并附有原始提单。如果仅一部分货物涉及拍卖,则可使用提单的影印副本或经认证的副本。承运人,而非港务局长,须通知保税仓库有未经办理进口手续的商品。一旦收到通知,保税仓库经营者(经理)应安排将未经办理进口手续的商品运至其经营场所储存,风险和费用由收货人承担。如果货物需要缴纳国内税收,但公开拍卖后不能获得足够的税款,则货物将被销毁。

2.1.9　邮寄入境

进口商发现,在某些情况下使用国家邮政服务,即一个国家的邮政系统,而非快递服务,将商品进口到美国对他们是有利的。他们可获得的益处包括:

- 可轻松通过海关和边境保护局清关。价值不超过 2 000 美元的包裹的关税由递送包裹给收件人的邮政公司收取。
- 节省运费:较小、价值较低的包裹通常可以通过邮件发送,成本更低。
- 价值不超过 2 000 美元的免税商品无需正式入境。
- 如果价值低于 2 000 美元,则无需亲自清关。

美国海关和边境保护局(CBP)和邮政联合条例规定,所有包裹必须在外包装上牢固地附上美国海关和边境保护局申报单,对包裹内容物及其价值进行准确描述。这份申报单可以在世界各地的邮局获得。商业货物还必须随附一份商业发票,该发票附在附有申报单的包裹内。

每一个内含发票或价值清单的邮包,应在外包装上的地址侧注明"内附发票"。如果发票或清单不便装入密封的邮包内,可将其牢固地附在邮包上。如果不遵守这些要求,将延误美国海关和边境保护局的货物清关。

除邮包外,其他包裹,例如,信件类邮件、商业文件、印刷品或商品样品,必须在地址侧贴上由环球邮政联盟提供的标签、表格 C1,或背书"在交付前可因海关业务需要而开封",或类似的文字,明确放弃封印的隐私权,并表明海关和边境保护局官员可以在不向收件人征询许可的情况下打开包裹。未按此方式贴上标签或背书的包裹中如发现含有违禁商品或含有需纳关税或其他税款的商品,包裹将被没收。

　　海关和边境保护局官员为价值不超过2000美元的邮件进口准备海关和边境保护局申报单(一张表格),目的地的承运人在支付关税后将包裹交付给收件人。如果邮件进口价值超过2000美元,则通知收件人在离他最近的海关和边境保护局口岸准备并提交一份正式的海关和边境保护局入境报关单(也称为消费品进口报关单)。该报关单需附商业发票。

　　每件应纳税邮件将被收取5美元的海关和边境保护局手续费,海关和边境保护局官员将为此准备相应文件。邮政承运人将收取所有应纳税邮件的这笔手续费用以及所欠关税。此外,国际邮政公约和协定还授权其收取邮政费(预付邮费之外),作为对邮政服务部门为海关和边境保护局清算包裹和递送包裹的额外工作的部分补偿。

　　注:以下为2000美元限额的例外情况。

- 《美国协调关税表》第99章第3分章和第4分章归类下的物品;
- 钱夹及其他扁平物品;
- 羽毛和羽毛制品;
- 人造或风干的花和叶;
- 鞋类;
- 毛皮、毛皮制品;
- 手套;
- 手袋;
- 头饰和帽子编织物;
- 皮革、皮革制品;
- 行李箱;
- 女帽饰品;
- 枕头和垫子;
- 塑料、各类塑料制品;
- 生皮和兽皮;
- 橡胶、各类橡胶制品;
- 纺织纤维及其制品;

- 玩具、游戏和运动设备；
- 装饰品。

除纺织品（纤维和产品）外，这些物品的限额为 250 美元。几乎所有纺织品的商业运件都需要正式入境，无论价值多少。由中国香港发货单独装运的定制西装套装，即使是用于个人消费的一套西装套装，无论服装的价值如何，都需要正式进口。

2.1.10　保税货物运输

并非所有进口到美国并投入国内市场交易的商品都是在其运抵港完成进口手续。进口商可能更倾向于在美国的另一地点引进货物，在这种情况下，货物必须进一步运输到该地点。此类情况下，为了保护美国的税收，商品必须以保税状态从运抵港运输到预定的入境口岸。这一过程被称为"直接运输程序下的输送"，通过执行海关和边境保护局表格 7512（《须经海关和边境保护局检查和许可的货物运输报关单和舱单》）来完成。然后，商品将交由承运人保管，承运人根据其保证书接受商品，并将其运至指定目的地，在该目的地将进行正常的商品进口流程。

2.2　入境权

2.2.1　进口商报关

由商业承运人运抵美国的商品必须由货主、买方、由其授权的正式雇员或由货主、买方或收货人指定的持牌报关行进行入境报关。美国海关和边境保护局官员和雇员可以向缺乏经验的进口商提供所有合理的建议和帮助，但无权作为进口商品的进口商或转运商的代理人。

报关行是美国关税法授权的唯一可为进口商代理海关交易业务的机构。报关行是获得海关和边境保护局许可的私人或公司，负责准备和提交必要的报关单，安排支付到期关税，采取措施以使货物在海关和边境保护局的监管下放行，或者代表其委托人处理海关事务。这些服务收取的费用可能因报关行和其所提供服务的范围而异。

每次报关都必须有本章所列的入境凭证的其中一种作为支持。报关行报关时，以报关行的名义签发海关和边境保护局委托授权书，本委托书由报关行代理的个人或公司出具。通常情况下，海关和边境保护局委托授权书是赋予被雇用者为其雇主代理进口权限的最佳凭证。

2.2.2 其他报关方式

货物进口报关亦可由非本地居民个人或合伙企业办理，或外国公司可以通过出口商的美国代理人或代表、合伙企业的成员或公司的高级职员办理。

向海关和边境保护局提供担保的非本地居民个人或组织必须在美国注册。此外，以其名义输入商品的外国公司必须在入境口岸所在州有一名常驻代理人，该代理人被授权代表该外国公司办理相关流程。

海关和边境保护局授权书中指定的持牌报关行可以代表出口商或其代表办理报关入境。报关行可要求非本地居民个人或组织出具货主申报单，申报单必须有保证担保，保证支付增加的或者额外的到期关税。可在国外签署货主申报单，但必须有公证人到场并加盖公证人印章。世界各地的所有美国大使馆和大多数较大规模的领事馆中均有公证人。

2.2.3 委托授权书

非本地居民个人、合伙企业或外国公司可向正式雇员、报关行、合伙人或公司高级职员签发授权书，以便其在美国为非本地雇主行事。授权书中的指定人必须是美国居民，并被授权可代表签发授权书的人或组织办理相关事务。一旦海关业务正常开展，授权办理相关事务的委托书不可撤销。可采用适用的海关和边境保护局表格或使用与表格相同语言的文件。对授权人未授权代理人执行的行为，可从表格中删除或从文件中省略。当外国法律或实际操作与美国法律或实际操作不同时，外国公司的授权书必须附有下列文件或其同等文件作为支撑：

- 由该国适当的公职人员出具的证书，证明该公司的合法存在，除非公司成立的事实是众所周知的。
- 公司章程中显示公司业务范围及其管理机构部分的副本。
- 签署授权书的人获得授权权限的文件副本或文件相关部分的副本，如公司章程或章程中的规定条款、决议副本、董事会会议记录或管理机构授予该权限的其他文件。在这种情况下,需要一份公司章程或其他文件的副本,赋予该管理机构指定其他人任命代理人或律师的权力。

非本地居民个人、合伙企业或外国公司可签发授权委托书,授以委托书中指定的个人或公司向美国其他合格居民签发类似的授权委托书的权力,并授权获签发此类授权委托书的居民代表非本地居民个人或组织办理相关事务。

合伙企业出具的授权委托书,期限不得超过自签署之日起 2 年,并应当载明合伙企业全体成员的姓名。合伙企业的成员可以就该企业的海关业务签署委托书。当成员资格变更而成立一个新公司时,先前公司的授权委托书对于任何海关业务不再有效。新公司须为其海关业务出具新的委托书。所有其他授权书具有无限期授予权。

海关和边境保护局表格 5291,或与表格相同语言的文件,可用于授权律师或报关行以外的代理人根据经修订的《1930 年关税法》第 514 节代表进口商提出申辩。(见《美国联邦法规》第 19 卷 141.32 条)

外国公司可以通过在具有公司抬头的信纸上签署授权书来遵守美国海关和边境保护局的规定。授权委托书格式如下。非本地居民个人或合伙人可使用同一表格。

×公司,_____

(地址,所在城市,国家)

根据法令_____ 特此授权

(美国雇员或高级职员姓名)

_____

(一个或若干地址)

代表上述公司执行美国海关与边境保护局表格 5291《授权书》中规定的任何和所有行为;代表×公司在美国办理相关事务;根据海关和边境保护局表格 5291 签发授权书,授权合格的美国居民(们)代表×公司执行所有美国海关与边境保护局表格 5291 中规定的行为;并授权该居民(们)代表上述×公司在美国办理相关事务。

_____

由于有关文件的合并、批注和认证的法律因国家而异,委托书中指定的代理人应在须提交证明文件的入境口岸咨询该口岸海关和边境保护局港务局长,以确保文件形式正确和手续得当。

2.3 货物和进口单证检查

除其他事项外,以下货物和单证的检查是必须的,以确定:

- 需办理海关业务的货物价值及其应纳关税状态。
- 货物是否必须标有原产地标记或需要特殊标记或标签。如果是,是否按要求的方式标记。
- 货物是否含有违禁品。
- 货物发票开具得是否正确。
- 货物是否超过发票上的数量或存在短缺。
- 货物是否含有非法麻醉品。

在货物放行前,港务局长将指定一定数量的货物样品,在保护货物不受损的条件下由海关和边境保护局官员进行检查。某些货物必须经过检验,以确定是否符合法律的特殊要求。例如,不适合人类食用的食品和饮料将被认定不符合食品药品监督管理局的要求。

向美国走私毒品的主要方法之一是货物运输。毒品走私者将毒品夹带在合法的运输货物中或集装箱内,以便在抵达美国后取回。由于走私者会使用任何可能的方法来隐藏毒品,所以须对货物的各个方面进行检查,包括集装箱、托盘、箱子和货品。只有经过严格检查才能发现毒品。

纺织物和纺织类产品被认为是贸易敏感产品,因此可能比其他商品接受更高比例的检查。

海关和边境保护局官员将确定进口货物的数量,在规定的条件下给短缺的货物免税优惠,并对任何超额部分征收关税。发票可以用货物装运国的度量衡或美国的度量衡说明数量,但报关单必须用公制术语说明数量。

2.3.1　货物超额与短缺

为了便于对未到达的货物给予关税优惠,并确定本批次货物装运是否超额,建议进口商(或外国出口商)按顺序包装货物,在货物的外包装上做好正确标记和编号,在发票上列出每个包装的内容,以及在发票上记录与这些包装相对应的标记和编号。

如果美国海关和边境保护局官员发现任何包装中含有发票上未指明的物品,并且有理由相信该物品是由于卖方、托运人、所有人或代理人的欺诈、严重过失、疏忽而从发票上遗漏的,则可处以罚款,或者在某些情况下,可扣押或没收商品。(见《美国法典》第 19 卷 1592 条)

如果在检查任何指定须检查的包裹时,海关和边境保护局官员发现数量、质量或尺寸不足,他或她将对不足部分给予免税。只要进口商在进口清关前将短缺情况通知港务局长,并向港务局长证明缺失的货物未交付,则可对短缺部分给予免税。

2.3.2　损坏或变质

美国海关和边境保护局官员在货物抵达美国时发现其由于损坏或变质而完全失去商业价值时,货物将被视为"非进口",对这些货物不征收关税。如果只有部分装运货物存在损坏或变质,则除非进口商在海关和边境保护局的监督下将损坏或变质的部分与剩余的装运货物分开,否则不给予免税。当货物由水果、蔬菜或其他易腐商品组成时,除非进口商在卸货后 96 小时内并在货物从码头移走之前向港务局长提出免税申请,否则不能给予免税。如果货物部分或全部由钢铁制造,或者货物是任何钢铁产品,对于因生锈或变色而造成的部分损坏或损失,法律禁止给予免税。

2.3.3　皮重

在确定按净重征收关税的货物数量时,从毛重中扣除公正合理的皮重。皮重是指与货物一起称重的包装商品的箱子、木桶、袋子或其他容器的重量,从而造成商品实际重量或数量上的不足。海关和边境保护局法规中规定了以下皮重计算方案:

苹果箱子。每箱 36 千克(8 磅)。此皮重包括苹果外的包装纸(若有)。

通称半吨重的木桶里放置的瓷土。每个桶 32.6 千克(72 磅)。

板条箱包装的无花果。外包装箱的实际皮重加上内木箱和无花果毛重的 13%。

新鲜番茄。每 100 张包装纸计为 113 克(4 盎司)。

柠檬和橙子。纸包装计为每盒 283 克(10 盎司),每半盒 142 克(5 盎司),外容器按照实际皮重计算。

装在木桶里的干赭石,按毛重的 8% 计算;浸在油桶中的干赭石,按毛重的 12% 计算。

从西班牙进口的罐装青椒。

每罐重量	去水后重量	
3 千克	13.6 千克(30 磅)	6 罐一箱
794 克(28 盎司)	16.7 千克(36.7 磅)	24 罐一箱
425 克(15 盎司)	8.0 千克(17.72 磅)	24 罐一箱
198 克(7 盎司)	3.9 千克(8.62 磅)	24 罐一箱
113 克(4 盎司)	2.4 千克(5.33 磅)	24 罐一箱

烟草,未去梗。每捆 59 千克(13 磅);苏门答腊[①]:外部覆盖物的实际皮重加上内部铺垫的 19 千克(4 磅);如果发票上附有证书,证明每捆包装内含纸包装并说明是否使用了轻纸或重纸,则纸包装根据所用纸张的厚度计为 113 克(4 盎司)或 227 克(8 盎司)。

对于按净重征收关税的其他货物,按实际皮重确定。在某些情况下,发票上注明的准确皮重可用于办理海关和边境保护局业务。

如果特定种类货物中或货物上出现过多水分和杂质,且属非常见现象,若备案进口商及时向海关和边境保护局港务局长提出申请,则可能给予免税。

 2.4 货物包装——混合包装

2.4.1 包装

有关如何包装货物以便运输的信息,可从运输手册、承运人、运输代理和其他来源获得。因此,本章介绍的是出口货物的包装如何便于海关和边境保护局官员能够及时检查、称重、测量和放行。

---

① 苏门答腊(Sumatra)为印度尼西亚雪茄烟草的品种之一,主要用作茄衣。——译者注

整齐的包装和合规的发票须两者兼顾。以下情况将有助于加快货物清关：

- 以系统有序的方式为货物开具发票；
- 显示每盒、捆、箱或其他包装中每件货物的确切数量；
- 在每个包装上做好标记和编号；
- 在发票上将包装内所含货物的明细表与这些标记或编号做好对应。

当包装内仅包含一种货物，或者当所有包装内含货物内容和价值均相同时，将大大方便海关和边境保护局指定检验样包和开展检验工作。如果各个包装的内容和价值不同，则会增加延迟和混淆的可能性。有时，由于货物的种类或包装方式缺少系统性，必须对整批货物进行检验。

包装和开具货物发票的方式应尽可能便于快速检查。请务必记住，在未经全面检查的情况下，可能无法确定包装的内容物，除非您的发票清楚地显示了每个包装上的标记和编号（无论是盒子、箱子还是捆装），详细说明了每个标记和编号的包装中货物的确切数量，并对每件货品进行充分描述。

此外，请注意，美国海关和边境保护局会检查货物中是否有麻醉品，而托运人或进口商可能不知道这些麻醉品藏在货物内部。这对进口商和海关和边境保护局来说都是费时且昂贵的。毒品检查可能需要完全拆开包装，以便对大部分货物进行人工检查。这种劳动密集型的货物装卸，无论是由海关和边境保护局、劳工组织还是私人进行，都会导致成本增加、时间延误和产品损坏的可能。进口商可以通过与美国海关和边境保护局合作制定包装标准来加快这一检验过程，从而使美国海关和边境保护局以最小的延误、损坏和成本实现有效的检验。

影响是否便于检查的一个关键方面是装货方式。"码垛"货物，即将货物装载到托盘或其他联合装置上是加快此类检查的有效方法。码垛运输允许使用叉车在几分钟内快速搬运货物，而手动搬运则需要数小时。另一个例子是在一个容器的顶部留有足够的空间，在中间留有一条通道，以便缉毒犬进入。

这方面的配合将有助于海关和边境保护局官员决定哪些包装必须打开和检查；必须进行多少称重、计数或测量，以及货物是否正确标记。它将简化皮重的计算，并减少实验室分析或用于其他海关用途的样本数量。这将有助于核实包装和内容物，以及便于海关和边境保护局官员报告短缺或超量货物。这将最大限度地降低进口商被要求重新提交已放行的检验包件的可能性,因为他们认为最初指定用于检验的包件已经足够。

将不同类型货物的组合包装在一起会导致海关和边境保护局官员无法确定每种进口产品的数量。这种包装也可能导致进口过程中各种其他程序的复杂化。但是,如果发票开具准确,在一个包装中有序地包装几种不同种类的货物则不会产生问题。混乱的包装则会造成困难。

2.4.2 混合包装

除下文所述外,如果不同税率的物品包装或组合在一起,以致海关和边境保护局官员无法在不将运输物或包装物实际分开的情况下轻易确定每类物品的数量或价值,则将以最高关税税率收取混合批次中所有商品的关税,除非收货人或其代理人在海关和边境保护局的监督下将商品分离。

《美国协调关税表》总注 3(f)规定的三种既定确认方法是:

(1) 采样;

(2) 核实入境时提交的装箱单或其他文件;

(3) 提交贸易中普遍接受的商业结算第三方检测结果的证据,并按海关和边境保护局条例规定的时间和方式提交。

商品分离的风险和费用由收货人承担。必须在港务局长亲自交付或向收货人邮寄货物混合通知之日后 30 天内(除非被特许更长的时间)完成。监督商品分离的海关和边境保护局官员的补偿和费用必须由收货人承担。

如果收货人或其代理人提供了令人满意的证据证明以下情况,则以最高税率收取混合批次中所有商品关税这一条例不再适用:

(1) 组合的部分在商业上可忽略不计,分离会造成额外成本,并且在用于制造过程或其他过程之前不会分离;

(2) 组合的目的并非为了逃避法定关税。

对于能提供此类证明的任何部件,应在海关和边境保护局业务中将其视为物品的一部分,并适用与之混合组装的物品的低一级关税税率。

此外,任何物品如果提供了下列令人满意的证据,则最高税率规则不再适用:

(1) 混合物品的价值低于单独装运时的价值总和;

(2) 在不增加成本的情况下无法分离,并且在用于制造过程或其他过程之前不会分离；

（3）混合的目的并非是为了逃避法定关税。

对于提供此类证明的任何商品，海关和边境保护局根据其职责，将考虑按照所有材料中数量最多的材料所适用的税率征收关税。

如果关税表对混合物品提供了特殊的关税待遇，则上述规则不适用。

第 **3** 章

知 情 合 规

定义

知情合规是美国海关与进口方的共同责任，即美国海关有责任向贸易方有效地传达其要求，受这些要求约束的人员和企业则须根据美国法律法规开展合法合规活动。知情合规的一个关键组成部分是，进口商应在其进口业务中采取合理的谨慎措施。

知情合规对双方都有利：当进口商自觉遵守法律法规时，美国海关和边境保护局不必在检查或进口审查上浪费资源，因为进口商的货物是可靠合规的。从贸易方的角度来看，当进口商自觉遵守法律法规时，符合规定的进口商的货物装运被检查的概率降低，进口审查的概率也要低。

美国海关和边境保护局发布大量信息，以帮助进口方遵守美国海关和边境保护局的要求。我们就各种技术主题和流程发布裁决和知情合规出版物。这些材料中的大部分都可以在 www.cbp.gov 网站上找到。

我们敦促进口商确保他们使用的是最新版本的印刷资料。

合理谨慎核查清单

合理谨慎是进口商的明确责任。尽管"合理谨慎"一词的含义看似简单，但却难以解释，因为每一笔进口交易的事实和情况，从进口商的经验到进口物品的性质，各不相同。因此，无论是美国海关和边境保护局还是进口方，都不能制定一份能够涵盖每一笔进口交易的合理谨慎核查清单。

美国海关和边境保护局建议进口方审查本节所列问题清单。清单所列问题也许可以向进口商提供有效帮助,以避免违规问题并履行合理谨慎责任。

清单上的问题旨在促进进口方遵守美国海关和边境保护局的法律和法规,但请注意,该清单是建议性的,而不是详尽的。该清单仅作为指南,对海关和边境保护局或进口方没有法律约束力或先例效力。

无论经备案的进口商本人进行交易还是雇佣其他人进行交易,该问题清单均适用。

3.2.1　适用所有交易的通用问题

(1) 如果您没有聘请专家(如律师、报关行、会计师或海关顾问)协助您达到美国海关和边境保护局要求,您是否有途径获取《美国海关和边境保护局法规》(《美国联邦法规》第 19 卷)、《美国协调关税表》(通常称为《协调关税表》)以及《美国海关和边境保护局公报和决策》?(三者均可从文件主管处获得,电话:201.512.1800)您是否可以访问美国海关和边境保护局网站 www.cbp.gov,或获取其他研究咨询服务,以获得信息帮助您有效办理流程并遵守美国海关和边境保护局法律法规?

(2) 贵组织内是否有一位有责任心、懂业务的人员审查了您的美国海关和边境保护局相关文件,以确保其充分、完整和准确?如果文件是由其他组织为您准备的,您是否有可靠的方法来确保您可以收到提交给美国海关和边境保护局的信息副本,确保审查其准确性,并能保证将所需更正的信息及时通知美国海关和边境保护局?

(3) 如果您雇佣专业人员协助您遵守美国海关和边境保护局要求,您是否事先与此人讨论过您的进口事宜,并向他(她)提供了有关进口交易的完整、准确的信息?

(4) 相同的交易或商品在不同口岸或同一口岸内不同海关和边境保护局办事处的处理方式是否不同?如果不同,您是否有把此事告诉海关和边境保护局官员?

3.2.2　问题类别:商品描述与关税归类

基本问题:您是否清楚您所订购的商品、其产地及材质?

(1) 您是否根据《美国法典》第 19 卷 1481 条规定向美国海关和边境保护局提供了完整、准确的商品描述?(另见《美国联邦法规》第 19 卷 14187 条和 14189 条特殊商品描述要求)

(2) 您是否根据《美国法典》第 19 卷 1484 条规定向美国海关和边境保护局提供

了正确的商品关税归类?

(3) 您是否获得了关于商品描述或其关税归类的美国海关和边境保护局规定(见《美国联邦法规》第 19 卷 177 部分)? 如果已获得,您是否遵守了该规定,并向美国海关和边境保护局相关官员通报了这些事实(即该规定及其遵守情况)?

(4) 如果商品说明或关税归类信息无法立即获取,您是否有可靠方法来获取并提供给美国海关和边境保护局?

(5) 您是否参与了美国海关和边境保护局对您商品的归类,以便正确描述和归类?

(6) 您是否查阅了关税表、美国海关和边境保护局的知情合规出版物、法院案例或美国海关和边境保护局的规定,以帮助您正确描述和归类商品?

(7) 您是否咨询过专家(如律师、报关行、会计师、海关顾问)以协助商品的描述和(或)归类?

(8) 如果您要求对您的商品进行有条件的免税或实施特殊关税归类或规定(如普遍优惠制、《美国协调关税表》9802 条、《北美自由贸易协定》),您如何证明该商品符合资格要求? 您有必要的支撑文件吗? 如果您提出《北美自由贸易协定》优惠税率要求,您是否持有《北美自由贸易协定》所规定的原产地证书?

(9) 您的商品的性质是否需要采用实验室分析或其他专门程序进行恰当的描述和归类?

(10) 您是否有可靠的方法来维护和生成所需的入境文件和支撑材料?

3.2.3 价值评估

基本问题:您知道商品的"实际支付或应付价格"吗? 您知道销售条款吗? 是否会有折扣、搭配销售的产品、间接成本、额外付款? 是否提供"辅助品"或支付佣金或版税? 金额是实际的还是估计的? 您和供应商是"关联方"吗?

(1) 您是否根据《美国法典》第 19 卷 1484 条和 1401 条 a 款向美国海关和边境保护局提供了适当的商品申报价值?

(2) 您是否有关于商品估价的美国海关和边境保护局规定(见《美国联邦法规》第 19 卷 177 节)? 您能否证明您确实遵守了该规定? 您是否向美国海关和边境保护局通报了这些事实?

(3) 您是否查阅过美国海关和边境保护局关于价值评估的法律法规、《美国海关和边境保护局估价百科全书》、海关和边境保护局知情合规出版物、法院案例、海关和边境保护局规定,以帮助您对商品进行估价?

(4) 如果您从与您有特殊关联的卖家处购买商品,您是否在入境时报告了这一事实? 您是否确保向美国海关和边境保护局报告的价值符合"关联方"测试之一?

(5) 您是否已向美国海关和边境保护局报告了与进口商品相关的所有法定成本或付款(辅助品费用、佣金、间接付款或退税、特许权使用费等)?

(6) 如果您申报的价值是基于您不是买方的交易进行的估价,您是否证实该交易是真正的"公平交易",并且该商品在销售时确实是运往美国的?

(7) 如果您要求对您的商品进行有条件的免税或采用特殊关税归类或适用规定(普遍优惠制、《美国协调关税表》9802 条、《北美自由贸易协定》),您是否报告了所需的价值信息并获得了支持该要求所需的必要文件?

(8) 您是否提供了所需的入境单证和支持信息?

3.2.4 原产地(标记或配额)

基本问题:您是否确认了进口商品的原产地?

(1) 您是否在美国海关和边境保护局入境单证上报告了正确的原产地?

(2) 您是否确保商品在入境时按照《美国法典》第 19 卷 1304 条和任何其他适用的特殊标记要求(手表、黄金、纺织品标签等)正确标记了原产地(如有要求)?

(3) 您是否知晓美国海关和边境保护局有关商品正确标记和原产地的规定(见《美国联邦法规》第 19 编第 177 部分)? 如果已知晓,您是否遵守了规定并将这一事实提请海关和边境保护局注意?

(4) 您是否就商品的正确原产地/正确标记咨询过海关专家?

(5) 在进口商品之前,您是否已通知您的国外供应商关于美国海关和边境保护局的原产地标记要求?

(6) 如果您要求更改商品的原产地或声称商品是美国原产,您是否采取了必要措施来证实您的声明(例如:您有美国的农产品加工证书或制造商的证书证明产品是在美国生产的)?

(7) 如果进口纺织品或服装,您是否根据《美国法典》第 19 卷 3592 条(第 334 节,《公法》103－465)确定了正确的原产地,并保证不涉及非法转运或虚假(欺诈)行为?

（8）您知道您的产品是如何从原材料到成品，由谁在哪里生产的吗？

（9）您是否确认了配额类别正确？

（10）您是否查阅了美国海关和边境保护局发布的《现行进口配额状态报告（限制级别）》，以确定您的货物是否受"零部件"类别的配额类别管制？

（11）对于属于签证类别的货物，您是否获得了对应的签证？

（12）对于纺织品，您是否为每批入境货物准备了适当的原产地申报单，即单一国家申报单（全部在同一国家获得或生产）或多国申报单（如果原材料来源于一个国家但在另一国内生产）？

（13）如果美国海关和边境保护局要求，您能提供包括原产地证书在内的所有入境单证和支撑证明信息吗？

3.2.5 知识产权

基本问题：您能否确定您的商品或其包装是否使用任何商标或受版权保护的材料或受专利保护的材料？如果是的话，您能证明您有合法权利将这些物品进口到美国和（或）在美国使用吗？

（1）如果您进口的货物或包装带有在美国注册的商标，您是否确认该货物或包装是正版的，并且不受美国法律对"灰色市场"或平行进口要求的限制（见《美国联邦法规》第198卷133.21条），或者您进口该商品是否获得商标持有人的许可？

（2）如果您进口的货物或包装含有注册版权的材料，您是否确定该材料获得授权并且是正版的？如果您要进口现场表演的录音，这些录音是否经过授权？

（3）贵公司的商品是否受限于国际贸易委员会或法院的禁令？

（4）您能提供进口所需的文件和支撑信息材料吗？

3.2.6 其他

（1）您是否确保您的商品符合其他机构的要求（例美国食品药品监督管理局、美国环境保护署、美国交通部、美国消费品安全委员会、美国联邦贸易委员会、美国农业部等），并在需要时能从它们那里获得许可执照或许可证？

（2）您的货物是否正受到商务部的倾销或反补贴税调查或曾收到相关裁定？如果是，您是否遵守了美国海关和边境保护局对这一事实的报告要求（如《美国联邦法规》第19卷141.61条）？

（3）您的商品是否符合配额/签证要求？如果是，您在货物入境时是否提供了正确的签证？

（4）您能确保您有权根据美国海关和边境保护局的规定入境吗？

（5）您是否提交了正确类型的海关和边境保护局报关单（例如：临时保税进口报关单①、转口报关单②、消费品报关单、邮件报关单）？

3.2.7 针对纺织品和服装进口商的其他问题

《乌拉圭回合实施法》第 333 节（《美国法典》第 19 卷 1592 条 a 款）授权财政部长公布被发现在纺织品和服装产品中使用虚假、欺诈，伪造文件、标签，或采用违禁转运做法而违反《美国法典》第 19 卷 1592 条的外国生产商、制造商、供应商、卖方、出口商或其他外国人名单。第 1592 条 a 款还要求任何登记备案的进口商，若进口或以其他方式试图将由名单上所列一方直接或间接生产、制造、供应、销售、出口或运输的商用纺织品或服装产品引入美国，须以使部长满意的方式证明该进口商已采取合理谨慎措施确保进口货物附有关于产品原产地的准确文件、包装和标签。根据第 1592 条 a 款，仅依赖名单上所列人员提供的信息并不满足采取合理谨慎措施的要求。与名单上任何一方有商业关系的纺织品和服装进口商必须采取合理谨慎措施，确保涵盖进口商品、其包装和标签的文件能够准确识别进口商品的原产地。这种合理谨慎体现于不仅仅依赖于清单所列方提供的信息，而依赖于更多的信息。

在进口纺织品或服装产品时以及在与本清单所列方进行交易时，为了达到合理谨慎的标准，进口商应考虑以下问题，以确保与原产地相关的文件、包装和标签是准确的。此列表仅供参考，而非详尽清单：

（1）进口商以前是否与清单所列方有过往来？

（2）进口商是否曾被没收或扣押过由清单所列方直接或间接生产、供应或运输的纺织品或服装？

（3）进口商是否参观了公司的经营场所，以确定公司具有实际生产能力？

---

① 临时保税进口（Temporary Importation under Bond, TIB）方式入关，即以此种方式入关商品须确保在保税期结束时，货物将被出口或销毁，保税期最长可达一年。——译者注

② 亦称运输及出口货物报关单，即运输及出口（Transportation & Exportation, T&E）方式入关，允许货物以保税方式通过美国海关和边境保护局（CBP）的关境运输，然后以原状出口。——译者注

（4）若根据《美国联邦法规》第19卷102.21条的规定提出了原产地确认程序的要求，进口商是否确定清单所列方实际执行了该程序？

（5）清单所列方是否确实在其文件、包装或标签上所声称的国家开展业务？

（6）该商品的主要生产国的进口商品配额是否已关闭或即将关闭？

（7）该国是否有关于该商品的可疑的或令人质疑的过往？

（8）您是否询问过您的供应商关于产品原产地的问题？

（9）如果进口货物附有签证、许可证或执照，进口商是否与供应商或制造商核实了该文件的有效、合法来源？进口商是否检查过该文件是否存在任何不规范之处，从而质疑其真实性？

3.3 合规性评估或合规性检测

贸易方最关注的是合规性评估，这是对支持其与海关和边境保护局开展相关业务的系统性评估。评估包括测试进口和金融交易，审查进口商内部控制的充分性，以及确定进口商在关键领域的合规水平。合规性评估根据《美国法典》第19卷1509条开展。

合规性评估由一个跨学科团队进行，该团队由海关和边境保护局审计员、进口专家、客户经理、行业专家（例如，对电子、汽车零件或医疗外科设备行业非常了解的人士）以及可能的其他海关和边境保护局专家（律师、检查员、科学家）组成。合规性评估采用专业认可的统计抽样和审计技术，对公司上一财政年度中选定的进口交易进行审查。

合规性评估将评估公司中适用的海关业务，例如：

- 记录保存；
- 商品归类或贸易统计；
- 商品数量；
- 反倾销或反补贴税操作；
- 配额符合性；
- 商品价值；
- 仓库或对外贸易区运营；

- 货物转运；
- 特殊贸易项目［普遍优惠制（GSP）、加勒比盆地倡议（CBI）等］。

符合美国海关和边境保护局法律法规的公司将收到一份报告，说明其合规性。公司的系统如被确定为不符合要求，公司也将收到一份报告，并将被要求与海关和边境保护局顾问合作制订一份合规改进计划，规定公司将采取的纠正措施，以提高合规性。如果公司严重违反法律或法规，美国海关和边境保护局可能向公司发送正式调查函或采取其他执法行动。

根据法律规定，美国海关和边境保护局需要预先通知进口商其即将开展的评估，以及对评估持续时间的估计。进口商有权参加入境说明会，该会议将解释评估的目的并告知评估的持续时间。合规评估小组可利用来自美国海关和边境保护局数据库中关于该公司或进口商的行业信息编制调查问卷，获取关于进口商内部流程的具体信息。这些问卷将在入境说明会上分发。

评估完成后，美国海关和边境保护局将安排一次终结会议，在会上说明其初步评估结果。对于发现存在严重执法问题的公司，可能不会安排终结会议。如果无需采取强制措施，美国海关和边境保护局将向公司提供评估结果的书面报告。

进口商审计或合规评估小组工具包（也称为 CAT 工具包）提供了评估程序的详细信息，可在美国海关和边境保护局网站 www.cbp.gov 上获取，或致电离您最近的美国海关和边境保护局监管审计部门办公室索要。

合规性检测是美国海关和边境保护局用来评估入境口岸交易准确性和确定所有商业进口的合规程度的主要工具。通过采用统计抽样的方法，可以获得所有商业进口产品的有效合规程度。美国海关和边境保护局的目标之一是确保至少 99% 的美国政府合法应收进口税款征收到位。货物在进入美国时将在入境口岸被取样以检查其是否符合国际贸易法。进口商应意识到，商品的错误归类以及其他违规行为，都将在合规性检测中被发现。

3.4 小企业进口商须知

《小企业监管执法公平法案》旨在在联邦机构和小企业之间创造一个更有利于合作的监管环境。

　　您的意见很重要。设立"小企业和监管执法监察员"并成立 10 个区域公平委员会，以接收小企业对联邦机构执法活动的意见，并对各个机构对于小企业意见的反馈和应对进行评估。如果您想对美国海关和边境保护局提出意见，请致电 1. 888. REG. FAIR(1. 888. 734. 3247)。

第 4 章

发 票

4.1 商业发票

由卖方或托运人或其代理人签署的商业发票,如果是按照《美国海关和边境保护局条例》第 141.86 至 141.89 节的规定编制,并且是按照发票所涵盖的货物的商业交易惯例编制则可用于美国海关和边境保护局相关业务。参与自动代理接口的进口商和经纪人可以选择通过自动发票接口或电子数据交换系统(EDIFACT)传输发票数据,并取消纸质文档。根据《关税法》的要求,发票必须提供以下信息:

- 商品的目标入境口岸。
- 如果商品被出售或同意出售,买方和卖方的名称、交易时间和地点;如果被寄售,装运时间和原产地,以及托运人和收货人的名称。
- 商品的详细描述,包括每个商品的名称、等级或质量、卖方或制造商向出口国贸易方出售商品时使用的标记、编号和符号,以及商品包装的标记和编号。
- 重量和计件数量。
- 如果出售或同意出售,以出售国货币表示的每个项目的购买价格。
- 如果商品以寄售方式装运,则以通常进行交易的货币表示每一项商品的价值,或者,如果没有该价值,则以制造商、卖方、托运人或所有人本应收到或愿意收到的货币标注该货物在出口国正常的批发销售过程中出售时的价格。
- 货币种类。

- 商品的所有费用,按名称和金额逐项列明,包括运费、保险费、佣金、包装箱、集装箱、覆盖物和包装费,以及未包括在上述费用中的在出口国出口港将商品随同承运人运出和随同承运人放置于美国首个入境口岸所产生的所有费用、成本和开支。包装费、箱盒费、集装箱费和到出口港的内陆运费,如果包括在发票价格中,则无需按金额分项列明。如果所需信息未出现在原始发票上,则应在发票附件上显示。
- 出口商品时允许的所有折扣、退税和奖励金,单独列出。
- 原产地。
- 发票价格中未包含的为生产该商品而提供的所有商品或服务。

如果单据上的商品在运输途中售出,则应将反映本次交易的原始发票和转售发票或显示买方为每项商品支付的价格的销售说明作为报关单、报关单汇总表或提取单据的一部分归档。

发票和所有附件必须使用英文,或附有准确的英文翻译。

每张发票应详细说明每个单独包装中包含的商品。

如果发票或报关单未显示确定关税所需的商品重量、规格或尺寸,则备案进口商应支付在商品从海关和边境保护局监管下放行前获取该信息所产生的费用。

每张发票应详细列明每一类或每种商品在确定每一个采购价格或价值时已允许或可能允许的基于清单所列价格或其他基价的折扣。

如果同一报关单中包含多张发票,进口商应在每页正面底部,从1号开始,对每张发票及其附件进行连续编号。如果发票超过两页,则从第一张发票的第一页的数字1开始,以同一系列数字连续对同一报关单中包含的所有发票和附件进行编码。如果同一报关单中包含的第一张发票为一页而第二张发票为两页,则页面底部的编号应为:Inv. 1,p. 1;Inv. 2,p. 2;Inv. 2,p. 3;等等。

发票上要求的任何信息可在发票或附件上列出。

4.1.1 具体要求

(1) 每批货物需具备单独发票。同一发票上同一个托运人向同一个收货人由同一个商业承运人装运的货物不得超过一批。

(2) 组合装运。由一家商业承运人组装并装运至同一收货人的商品可包含在一张发票中。发票上应附有货物的原始单据或发票,或其摘录,显示实际支付或同意支付的价格。

(3) 分期装运。单笔订单或者同一合同约定的货物,由同一个托运人托运给同一个收货人的,如果该批货物在不超过连续 10 天的时间内以任何运输方式到达入境口岸,则该批货物的分期付款可以包括在一张发票中。

发票的编制方式应与单次装运的发票相同,并应包括所涉及的特定类别货物可能需要的任何附加信息。如可以,发票应显示每批货物的数量、价值和其他发票数据,以及每批货物装运的进口运输工具的标识。

(4) 生产"辅助"。发票上应注明商品的生产过程中是否涉及未包括在发票价格中的"辅助品"成本(如冲具、铸模、工具、印刷板、艺术品、工程设计、设计和开发、财务援助等)。如果涉及,说明其价值,以及由谁提供(如已知)。这些辅助是免费提供,还是以租赁方式提供,或是单独开发票。如果是单独开发票,请附上发票副本。

如海关和边境保护局要求提供货物生产成本的信息供海关估价时,港务局长将通知进口商。此后,包含此类货物装运的发票必须包含制造商或生产商的生产成本报表。

(5) 所需的附加信息。除发票上通常要求的信息外,还可能需要一些特定货物或特定货物类别的特殊信息。美国进口商通常会向出口商提供有关这些特殊情况的建议,且涵盖对这些货物要求的《美国海关和边境保护局条例》第 141.89 节已在附录中提供。

(6) 汇率。一般而言,除《美国法典》第 31 卷 5151 条中公布或认证的汇率外,不得使用其他汇率兑换外币用于海关相关业务。如果商品进口来源国的货币具有两种或两种以上由纽约联邦储备银行认证的汇率,发票将显示把商品收到的美元兑换成外币时使用的汇率,并且如果使用了两种或两种以上的汇率,将显示每种汇率的百分比。如果用于支付成本、费用或支出的费率或费率组合与用于支付商品的费率或费率组合不同,则单独说明该费率或费率组合。如果在开具发票时美元尚未兑换,则应在发票上说明这一事实,在这种情况下,发票还应说明将采用的美元兑换汇率或汇率组合,或者说明汇率尚未知。无条件免关税的商品无需汇率,仅适用于特定关税税率而不取决于价值的商品也无需汇率。

4.2 其他发票

4.2.1 形式发票

如果在商品入境时未提交所需的商业发票,发票形式的声明(形式发票)必须由进口商在进口时提交。进口商需提交一笔保证金,保证在提交入境申报单之日起120天内出具所需发票,如未提交入境申报单,则从入境之日起计算。如果出于统计目的需要发票,通常必须在要求提交入境申报单之日起50天内提交。

出口商须知,除非他(她)及时提交所需的发票,否则美国进口商如未能在120天期限届满前将发票提交给美国海关和边境保护局港务局长,则美国进口商将承担其担保责任。

虽然形式发票不由出口商准备,但对出口商有所助益,因为它可帮助出口商对于商品入境所需信息形成大致概念。如果在商品入境时没有准备好美国海关和边境保护局所需发票或商业发票,形式发票可显示进口商在提交商业货物正式报关单时可能需要向海关和边境保护局官员提供的信息。可接受的一种形式发票格式可参见附录。

在以形式发票办理商品入境时,《美国海关和边境保护局条例》第141.89条规定的一些商品附加信息可能无需提供。但是,形式发票必须包含足够的数据,以便进行商品检查、归类和估价。

4.2.2 特殊发票

有些商品需要特殊发票,参见《美国联邦法规》第19卷141.89条。

4.3 常见发票开具错误

外国卖方或托运人在准备发票和其他用于将货物运入美国商业界的文件时必须小心谨慎,以避免其进口商遭遇困难、延误,甚至可能受到刑事制裁。每份文件必须包含法律或法规要求的所有信息,文件中的每项事实陈述必须真实准确。在提交给海关和边境保护局官员的报关文件中,任何不准确或误导性的事实陈述,或所需信息文件中的遗漏,都可能导致商品延迟放行、扣留或进口商被要求按照国内价值赔偿。即使这种不准确或遗漏是无意的,进口商也可能被要求证明他已尽了应有的努力,并且没有疏忽大意,以避免受到制裁而延误获取货物和完成交易(见《美国法典》第 19 卷 1592 条)。

尤其重要的是,所有与商品描述、价格或价值有关的声明以及折扣、收费、佣金的金额要如实、准确地列明。对于购买的货物,发票上应列明货物实际买卖双方的真实名称,或者当货物非按购买方式装运时,应列明实际发货人和收货人的真实名称,这一点也很重要。同样重要的是,发票必须反映货物运往美国所依据的交易的真实性质。

基本规则是,托运人和进口商都必须向海关和边境保护局官员提供有关每项进口交易的所有相关信息,以协助海关和边境保护局官员确定货物的关税状态。应避免以下样例导致的信息遗漏和信息不准确:

- 托运人以为货物的佣金、版税或其他费用是所谓的"非应征税"项目,因而未包含在发票中。
- 外国托运人购买货物后以交付价格出售给美国进口商,但在发票上显示的是托运人支付的价格,而非交付价格。
- 外国托运人使用美国进口商提供的材料作为制造货物的一部分,但按制造商的实际成本开具发票,未包括进口商提供的材料价值。
- 外国制造商将替换的货物运给他在美国的客户,并按净价开具发票,但不显示全价减去先前装运和退回的次品的抵扣。
- 外国托运人以标价减去折扣后的价格销售货物,并以净价开具发票,但未显示折扣信息。
- 外国托运人以交付的价格出售货物,但以装运地离岸价开具发票,并省略后续费用。
- 外国托运人在发票中表明,进口商是买方,而事实上,进口商是收取货物销售佣金的代理人,或者是为托运人和收货人共同账户销售货物并收取部分收益的一方。
- 发票信息描述模糊,只列出部分数字、被删节的或经编码的描述,或者当包含几种不同的商品时,将不同的商品混合为一项。

第5章

估 税

5.1 货物应课税状态

5.1.1 税率

所有进口到美国的货物应根据其在《美国协调关税表》适用税目下的归类缴纳关税或免税进口。带有注释的活页版关税表可从华盛顿特区美国政府印刷局(邮编:20402)购买。(见《美国法典》第19卷1202条)

当货物应纳税时,可以按照从价费率、特定费率或者复合费率进行估算。从价费率是最常用的费率类型,按照商品价值的某个百分比征收,例如5%的从价费率。特定费率是指每单位质量或其他计量的特定金额,如每打5.9美分。复合费率是从价费率和特定费率的组合,例如每千克0.7美分再增加10%的从价税。

5.1.2 免税或应纳税

进口商品的税率可能因原产地而异。大多数商品按照关税表第1栏的"一般"一栏中的"最惠国"(现在称为"正常贸易关系")税率纳税。从上述税率尚不适用的国家进口的商品应按照关税表第2栏中的全额或"法定"税率纳税。

关税表第1栏和第2栏中的许多小项下都提供了免税商品类型。关税表第1栏下的"特殊"列中所列的各类有条件豁免下也可查看享受免税的商品。进口商有责任证明商品具备有条件豁免的资格。

普遍优惠制(GSP)是一种较为常见的免税政策。符合普遍优惠制的商品来自受惠的发展中国家,且符合第17章中所讨论的其他要求,则获得免税入境的资格。

关税表第 98 章各子目下规定了其他豁免情况。除其他规定外,这些子目涵盖特定的个人豁免、用于科学研究或其他机构的物品的豁免,以及退回美国货物的豁免。

5.1.3　进口裁定

海关和边境保护局在进口文件归档后,在进口清算时裁定商品的应纳税状态。当需要获取预先信息时,不要依赖于小规模的"尝试性"或"试验性"装运,因为无法保证下一批装运将获得相同的关税待遇。小规模的进口商品可能会轻松过关,尤其是如果它们是按照适用于小规模货物的非正式程序处理,或者在确保实行统一税率的情况下进口。

出口商、进口商或其他利害关系方可通过向入境口岸的港务局长写信或向以下机构索取影响商品应纳税状态的任何事项的预先信息:

Director, National Commodity Specialist Division

U. S. Customs and Border Protection One

Penn Plaza, 11th Floor

New York, New York 10119

或发送至:

U. S. Customs and Border Protection Attention:

Office of Regulations and Rulings

Washington, DC 20229

《美国联邦法规》第 19 卷第 177 部分详细介绍了发布行政裁定的程序。

5.1.4　约束性裁定

虽然你会发现,海关和边境保护局港口是你最好的信息来源,可用于多种用途,但从关税归类中获得的非正式信息并不具有约束力。根据《美国联邦法规》第 19 卷第 177 部分的规定,进口方可根据《美国协调关税表》第 1 章至第 97 章的规定或通过书面形式从以下渠道获得具有约束力的税率裁定,该裁定可帮助进口商决定是否下达或接受订单或作出其他商业决定：

National Commodity Specialist Division
U. S. Customs and Border Protection One
Penn Plaza, 11th Floor
New York, New York 10119

除非被美国海关和边境保护局法规和裁决办公室撤销，否则该裁定在所有入境口岸均具有约束力。

请求裁定需提供以下信息：

- 所有相关方（如已知）的名称、地址和其他识别信息以及制造商 ID 代码（如已知）。
- 商品入境口岸的名称（如已知）。
- 对交易的描述，例如，从（哪个国家）预期进口（哪种商品）。
- 声明书，说明就进口商所知，该商品未在美国海关和边境保护局或任何法院接受审理。
- 一份说明以前是否向海关和边境保护局官员寻求过归类建议的声明，如果是，谁曾提供归类建议，并且提供了什么建议（如有）。

关税归类申请应提供以下信息：

- 货物的完整描述。如果可行，发送样品、草图、图表或其他有助于补充书面说明的材料。
- 如有可能，以百分比表示组件材料及其各自数量的成本明细。
- 对货物在美国作为一类或一种商品的主要用途的描述。
- 关于商业、科学或通用名称的信息（如适用）。
- 与关税归类有关或所需要的任何其他信息。

为避免延误，您的申请信息应尽可能完整。如果您寄送了样品，请附加样品说明信息。此外，请注意样品可能被送至实验室进行免费的实验室分析。但是，如果样品在实验室分析过程中被破坏,则不能退回。

根据《信息自由法》[经《美国法典》第 5 卷 552 条,《美国联邦法规》第 19 卷 177.8(a)(3)条修订]的规定,可披露或扣留为响应海关和边境保护局裁定请求而提交和纳入的信息。

5.1.5　申辩

进口商在进口货物清算后,可能不同意其商品的应纳税状态。在入境事务的这一阶段,可通过填写海关和边境保护局表格 19 提交申辩和申请进一步审查,要求作出裁定。对于 2006 年 12 月 18 日之前提交的入境申报,期限为清算后 90 天内,但对于该日期之后提交的入境申请,期限为 180 天[见《美国联邦法规》第 174 部分;见《美国法典》第 19 卷 1514(c)(3)条,经 2013(2)(b)条修订,《公法》108—429];同一立法中还取消了自 2004 年 12 月 18 日后针对文书错误和事实错误提出申辩的一年时间期限。如果美国海关和边境保护局驳回申辩,可将此不利裁决上诉至美国国际贸易法院。

5.1.6　纳税义务

没有任何规定允许在商品出口至美国之前可以在外国预付美国关税或税款。即使是邮寄的礼物也是如此。

通常情况下,在消费报关单或仓库报关单提交给美国海关和边境保护局时,确定关税支付责任。付款义务由以其名义登记报关的人或公司承担。货物入库后,纳税义务可以转移给购买货物并以其名义提取货物的人。

如果报关行未支付相关费用,则向报关行付款并不能免除进口商对海关收费(关税、其他税收和其他欠海关和边境保护局的债务)的责任。因此,如果进口商通过支票向报关行付款,他(她)应该给报关行一张单独的支票,支付给"美国海关和边境保护局",用以支付海关费用,然后报关行将这些费用交付给海关和边境保护局。

若以报关行的名义报关,如果同时满足以下两个条件,则报关行可就应支付的增加或额外税款获得法律免责:①货物的实际所有人已被指定;②货物所有人同意支付附加税的声明和货物所有人的保证金均由报关行在入境之日起 90 天内向港务局长提交。

5.2 装载工具

美国海关和边境保护局将升降机、货车、运输罐、货盘和某些用于国际运输货物的物品指定为"国际运输工具"。只要符合上述定义，这些物品到达时，无论是否装载或空置，均不受入境或关税限制。其他类别的商品集装箱也可向美国海关和边境保护局局长申请指定为国际运输工具。但是，如果经指定的物品被转移至国内使用，则必须办理进口并缴纳关税（如适用）。

装有特定物品或成套物品的特殊形状或具备特殊装置的装载容器，可长期使用，并与预期装载物品一起入境，如果通常与装载物品一起出售，则可与装载物品一起归类。此类容器的示例如下：照相机盒、乐器盒、枪盒、绘图工具盒和项链盒。此规则不适用于其本身特征作为进口商品整体特征的容器。

根据上述规则，如果包装材料和包装容器是通常用于包装此类货物的材料和容器，则包装材料和包装容器应与其所装载的进口货物属同一归类。但是，这不适用于明显适合重复使用的包装材料或容器。

5.3 临时免税进口

5.3.1 临时保税进口（TIB）

下列（参见 5.3.2）类型的货物，如非用于进口出售或进口后经批准待售，自进口之日起 1 年内复出口，可以保税方式进入美国，无需缴纳关税。一般来说，担保金的金额是预估关税的两倍。经向港务局长提出申请，1 年的出口期限可延长一个或多个期限，包括最初的 1 年期限，延长后的总期限不得超过 3 年。第 14 项所列物品有例外情况：保税期限不得超过 6 个月，也不得延长。

以临时保税进口方式进口的商品必须在担保期限或延期到期之前出口或销毁，以避免承担担保金额中核定的违约赔偿金。

根据临时保税进口方式进口的所有货物均须符合配额要求。

5.3.2　货物归类

（1）需要修理、改装或加工（包括致使商品在美国制造或生产的加工流程）的商品，须满足以下前提条件：

如果是以下商品，确保该商品不会经加工而成为在美国制造或生产的产品：

- 酒精、蒸馏酒、葡萄酒、啤酒或任何这些物质的稀释物或混合物。
- 香水或含有乙醇的其他商品，不论是否改变自然属性。
- 小麦制品。

除上述情况外，如果商品在美国加工并导致产品在美国制造或生产，则：

- 对加工过程中产生的所有物品、废料和不可弥补的损失，须向美国海关和边境保护局进行完整说明。
- 所有物品将在保税期内由海关和边境保护局监管出口或销毁。有价值的废料也必须出口或销毁，除非缴纳关税（如适用）。

（2）生产企业进口的仅供本单位使用的女装模型，须符合配额要求。

（3）插画家和摄影师进口的物品（仅供在他们自己的机构中用作模型，用以对目录、小册子或广告材料加以说明）。

（4）仅用于商品订购过程中的样品，须符合配额要求。

（5）专供以复制为目的的检查或专供检查及复制之物品（供检查及复制之照相凸版除外）；电影广告胶片。

（6）专门用于测试、实验或审查目的的物品，包括平面图、说明书、图纸、蓝图、照片和与实验或研究有关的物品。如果与实验或研究有关的此类物品被损毁，则必须提供此类物品损毁的证明，以履行出口物品的担保义务。

（7）非美国居民为了参加比赛或其他特定竞赛而临时带入美国的汽车、摩托车、自行车、飞机、飞艇、气球、船只、赛艇、类似的车辆和航行器以及上述物品的常用设备。港务局长可延迟收取保证金，但不超过车辆和船舶进口后 90 天，以便其参加不以金钱为标的的比赛或其他特定竞赛。如果该车辆或航行器未在延期期限内出口或未提供保证金，则该车辆或航行器将予以没收。

（8）临时带入美国的机车和其他铁路设备，用于清除障碍物、灭火或用于美国境内铁路的紧急维修，或用于国际运输以外的运输（当财政部长认为有必要临时使用外国铁路设备以应付紧急情况时）。进口商可以通过提交证据证明存在紧急情况（如新闻报道）来加快批准临时进口请求，以应对紧急情况。

（9）填充或空的压缩气体容器，以及在运输过程中用于覆盖或存放商品（包括个人或家用物品）的可重复用于上述目的的容器或其他物品。

（10）专业设备、贸易用具、本条款允许使用的设备或工具的维修部件，以及由非居民进口或供非居民在美国临时居留时使用而进口的野营设备。

（11）专门用于制造或生产出口物品的临时性的特殊设计物品。

（12）为繁殖、展览或参赛而带进美国的动物和家禽，以及常用的相关设备。

（13）来自国外的专业艺术家、演讲者或科学家带到美国用于展览、说明、推广和促进美国艺术、科学或工业的免费美术作品、绘画、版画、摄影作品以及哲学和科学仪器。

（14）仅用于展示的汽车、汽车底盘、汽车车身、上述任何部分的剖切部分，以及上述任何部分的零件，无论是成品、未成品或剖切部分。只有在财政部长确认进口物品的来源国允许或将允许给予美国类似出口的实质性互惠特权的情况下，才可进口这些物品。如果部长发现某一国家已经或将要停止给予此类特权，则本项下的特权此后不适用于从该国进口的产品。

5.3.3 免除责任

如果物品在原始担保期内在海关和边境保护局监督下被销毁而未被出口，可免除担保责任。但是，对于根据上述第（6）项条款进口的物品，如果物品在保证期或任何合法延长期期间的试验或测试过程中被销毁，则无需在海关和边境保护局监督下销毁，但应向接收海关申报单的港务局长提供令人满意的销毁证明。

5.3.4 ATA 单证册

ATA 是法语和英语的组合词，意思是"临时入境"。ATA 单证册是一种国际海关文件，可用于暂时免税进口某些货物到一个国家，代替通常所需的海关文件。临时进口而未再次出口的货物需要缴纳关税，但 ATA 单证册可作为抵缴关税的担保。按配额进口的商品必须遵守配额规定，例如，纺织品必须遵守配额和签证要求。

ATA单证册有效期为1年。然而，旅客或商务人员可在通关单证册有效期内根据需要进行多次往返，只要他（她）的通关单证册有足够的页数。

美国目前允许专业设备、商业样品和广告材料使用ATA单证册临时入境。大多数其他国家允许使用ATA单证册临时进口这些货物，在某些情况下，也允许ATA单证册用于其他用途。

作为总部设在巴黎的国际商会国际局的成员，各地单证册协会向本地居民签发单证册。各地协会做担保，如果凭其签发的单证册进口的货物未再转出口，则向当地海关缴纳关税。在美国，美国海关和边境保护局已指定美国国际商会理事会（地址：纽约美洲大道1212号，邮编：10036，电话：212.354.4480）作为美国签发ATA单证册和担保的组织。理事会对其服务收取费用。

以下国家和地区可以使用ATA单证册：

阿尔及利亚	直布罗陀
澳大利亚	希腊
奥地利	中国香港
比利时	匈牙利
保加利亚	冰岛
加拿大	印度
加那利群岛	爱尔兰
中国	以色列
克罗地亚	意大利
塞浦路斯	科特迪瓦
捷克	日本
丹麦	韩国
爱沙尼亚	黎巴嫩
芬兰	卢森堡
法国	马来西亚
法属波利尼西亚	马耳他
法属西印度群岛	毛里求斯
德国	荷兰

新西兰	南非
挪威	西班牙
波兰	斯里兰卡
葡萄牙	瑞典
罗马尼亚	瑞士
塞内加尔	泰国
新加坡	土耳其
斯洛伐克	英国
斯洛文尼亚	美国

埃及和其他一些国家已经接受了《临时入境公约》,但尚未实施使用 ATA 单册证。由于各国正在不断地加入单册证体系,请与美国理事会核实您希望访问的国家和地区是否在上述清单中。

5.4 《北美自由贸易协定》(NAFTA)

美国通过了《北美自由贸易协定》(NAFTA),并颁布了《1993 年北美自由贸易协定实施法》(《联邦法律汇编》107 卷 2057 号,《公法》103 – 182);修订了《美国联邦法规》第 19 卷第 10、12、123、134、162、174、177 和 178 部分,并制定了新的《美国海关和边境保护局条例》第 102 和 181 部分,以执行《北美自由贸易协定》的职责规定。

《北美自由贸易协定》在 2003 年 1 月 1 日之前逐步取消了加拿大和美国之间几乎所有"原产"货物的关税,并规定墨西哥和美国之间某些敏感商品可以有额外 5 年的时期逐步取消"原产"货物的关税。

《北美自由贸易协定》第 401 条取消了"原产地"货物的关税和商品加工费。其他国家制造的货物通过墨西哥或加拿大转运,或仅在北美对其进行小规模加工或包装的货物,不适用《北美自由贸易协定》优惠关税税率。

"原产地"一词是指符合《北美自由贸易协定》第 401 条要求的货物。第 401 条对"原产地"的定义有 4 种:

(1) 完全在北美自由贸易区获得或生产的货物(不含外国输入物)。

(2) 完全由《北美自由贸易协定》区域内的原材料生产的货物(包含以外国材料

制造成的原材料)。

（3）符合附录 401 具体原产地规则的货物，如规定的税则归类变更、从价百分比要求。

（4）在极少数情况下，未组装货物和按其零件归类的货物也可视为"原产地"货物。该类货物不符合税则归类变更规则，但使用交易价值法则从价百分比为 60%，或使用净成本法则从价百分比为 50%。

《北美自由贸易协定》附录 401 已编入《美国协调关税表》的总注 12(t)，可在 www. cbp. gov/nafta/rulesorg. htm 查阅。

5.4.1 入境程序

《北美自由贸易协定》与其他优惠贸易计划一样，需进口商自行申请优惠税率。在美国，《北美自由贸易协定》的优惠税率申请如下：

5.4.1.1 非商业（个人）进口

对于非商业性进口《北美自由贸易协定》所规定的货物，优惠税率申请可以在美国提出，无需原产地证明或声明。

5.4.1.2 低值商业进口

价值不超过 2500 美元的《北美自由贸易协定》所规定的商运货物申请优惠关税待遇，入境文件必须包括《美国联邦法规》第 19 卷 181. 22(d)条规定的声明，证明其商品为"原产"货物。

5.4.1.3 其他商业进口

进口商在对价值超过 2500 美元的《北美自由贸易协定》所规定的商运货物申请优惠关税待遇时，必须持有由出口商或其代理人签署的有效的《北美自由贸易协定》原产地证书。

5.4.1.4 进口后申请

进口商可能没有有效的《北美自由贸易协定》原产地证书，或不确定其货物是否属于"原产地"产品，或在进口报关时选择不在当时提出《北美自由贸易协定》优惠申请的，自进口之日起至多一年时间内提出进口后申请。

5.4.2 出口商的原产地证书

《北美自由贸易协定》第 502 条要求进口商以出口商的原产地证书为依据申请

《北美自由贸易协定》优惠待遇。原产地证书可以是美国海关和边境保护局表格434、加拿大海关表格B-232或墨西哥原产地认证证书。在美国提出《北美自由贸易协定》优惠申请时,进口商必须持有这三份原产地证书中的一份或经美国海关和边境保护局批准、私人印制或替代的原产地证书。对于单件装运,原产地证书应注明发票号或其他识别标记。对于同一货物的多次装运,证书上应注明12个月的总期限。

5.4.3 《北美自由贸易协定》原产地证书和优惠税率申请并非必须

出口商或生产商没有义务向客户提供原产地证书。但是,由于进口商在没有原产地证书的情况下,不能申请享受《北美自由贸易协定》优惠关税待遇,因此提供原产地证书符合出口商或生产商的利益。通过提供原产地证书,生产商可证明:

(1) 货物来源。

(2) 生产商拥有证明性的生产和会计文件。

(3) 生产商可根据要求向海关当局提供上述文件。

5.4.4 用于标记和关税的原产地证明

对于在加拿大、墨西哥或美国加工的货物,《北美自由贸易协定》定义了"实质性转变"的概念,以确定货物原产地,用于标记和关税目的。即使一种货物在加拿大、墨西哥或美国获得加工,且其加工过程足以标记该国为原产地,但根据"北美自由贸易协定关税待遇原产地规则"[《美国协调关税表》总注12(t)],该货物的制造过程可能不能达到"原产"规定。除少数例外情况,只有原产货物才能享受《北美自由贸易协定》的优惠待遇。有关其他标记信息,请参见《北美自由贸易协定:海关程序指南》或《美国联邦法规》第19卷102部分。

5.4.5 敏感部门特别规定

《北美自由贸易协定》附录401《原产地规则》确保大多数与纺织品和服装相关的产品都在北美生产。纺织品和服装的基本原产地规则通常被称为"纱线产地来源"规则。这意味着用来形成织物的纱线必须在北美自由贸易区境内纺制,所有后续加工必须在北美进行。纺织品和人造纤维长丝服装有更严格的"纤维原产地"规则。一些服装产品还必须符合"可见内衬规则",这意味着某些内衬必须在北美织造。

5.4.6　转运

由于原产地资格而有权享受《北美自由贸易协定》优惠关税税率的货物,如果离开北美以外的海关管制或在北美以外进行任何操作(除了为保持货物完好或为将货物运输到加拿大、墨西哥或美国而采取的卸载、再装载或任何其他必要的操作),将失去该资格。

5.4.7　修理或更改

货物可以从一个北美自由贸易协定国家出口到另一个国家进行修理或改造,并免关税返回,不受货物的原产地限制。本规定不适用于制造过程中的变更。

5.4.8　关税区

就美国而言,关税区包括 50 个州、哥伦比亚特区、波多黎各和其中的对外贸易区。更多的《北美自由贸易协定》相关信息可查询《北美自由贸易协定:海关程序指南》,或从《美国联邦法规》中查阅。

5.5　普遍优惠制(GSP)

普遍优惠制(GSP)是一项优惠计划,为指定受惠国和受惠地区的产品提供免税待遇。该计划经《1974 年贸易法》(《美国法典》第 19 卷 2461 条及以下)授权,作为促进发展中国家经济发展的手段,于 1976 年 1 月 1 日开始实施。普惠制定期到期,必须由国会更新才能继续有效。美国海关和边境保护局向贸易界提供到期和更新的通知。

5.5.1　产品资格

普惠制资格清单包含《美国协调关税表》(关税表)中 3 400 个不同子目下的各种归类产品。这些产品在关税表的第 1 栏下的"特殊"子列中用符号"A""A＊"或"A＋"标识。以此类指定子目归类的商品,如直接从任一指定国家和地区进口到美国,则可能有资格免关税入境。标识为"A＊"的产品,如果是从某些指定国家进口的,则不包含在免关税范围内。

受惠国和除外国家清单以及适用普惠制产品的清单将不时变更。例如,各国在加入欧盟后立即失去普惠制免税资格。有关国家和/或商品资格的最新信息,请咨询《联邦公报》,网址为 www. ustr. gov,单击"贸易与发展"链接,然后单击"USTR 参考计划"链接。普惠制指南也可在此网站中查阅。

进口商和其他相关方可获得预先裁定,以确定某一特定产品是否符合普惠制待遇。

5.5.2 申请

对于需要正式入境的商业货物,如要申请普惠制免关税待遇,须在入境申报单上声明原产地是指定的受惠发展中国家,并在每一项申请享受免税待遇的商品的关税表分目前加上符号"A"。符合下列条件的商品将享受免关税待遇:

- 该商品必须是受惠国的"产品"。满足此要求的条件是:
  ① 商品完全在受惠国种植、生产或制造,或
  ② 物品是由进口到受惠发展中国家的材料所生产,并且这些进口材料实质上转化为全新的或不同的产品,成为受惠国的贸易商品。应在商业发票上注明这一点。
- 商品必须从任一受惠国直接进口至美国关税区。
- 在受惠发展中国家生产的材料成本或价值和(或)在该国进行的直接加工成本必须至少为货物评估价值的35%。

进口到受惠发展中国家的材料的成本或价值,只有在受惠发展中国家经历"双重实质性转变"的情况下,才可包括在普惠制要求的35%价值内容计算要求中。即,这些材料必须在受惠发展中国家实质性地转化为一种新的、不同的中间商品,然后在最终货物的生产过程中进行第二次转化。"直接加工成本"一词是指在加工该物品过程中直接产生的成本或可合理分配的成本。此类成本包括但不限于:与货物生产有关的所有实际人工成本;冲模、铸模、工具和机械设备折旧;研发成本;以及商品检验和测试成本。利润和一般费用不视为加工的直接成本。一般费用指不能分配到货物生产过程或与货物生产无关的费用,如主管薪金、保险、广告和销售人员工资。

5.5.3 其他信息来源

《海关规例》第10.171至10.178条载列有关普惠制的海关规则和条例。您可

以向以下机构提出关于普惠制管理或实施方面的任何问题。

CBP Trade Agreements Branch

U.S. Customs and Border Protection

1300 Pennsylvania Avenue, NW

Washington, DC 20229

关于享有普惠制资格的商品清单的添加或删除,或受惠发展中国家名单的更改,相关的信息应向以下机构提出询问:

Chairman, Trade Policy Staff Subcommittee

Office of U.S. Trade Representative

600 17th St., NW

Washington, DC 20506

5.5.4 享有普惠制的独立国家

阿富汗	玻利维亚[3]
阿尔巴尼亚	波斯尼亚和黑塞哥维那
阿尔及利亚	博茨瓦纳[4]
安哥拉	巴西
安提瓜和巴布达	保加利亚
阿根廷	布基纳法索
亚美尼亚	布隆迪
巴林	柬埔寨[5]
孟加拉国	喀麦隆
巴巴多斯[1]	佛得角
伯利兹[1]	中非共和国
贝宁[2]	乍得
不丹	哥伦比亚

科摩罗

刚果（布拉柴维尔）

刚果（金沙萨）

哥斯达黎加

科特迪瓦

克罗地亚

吉布提

多米尼克[1]

多米尼加共和国

厄瓜多尔[3]

埃及

萨尔瓦多

赤道几内亚

厄立特里亚

埃塞俄比亚

斐济

加蓬

冈比亚

格鲁吉亚

加纳

格林纳达[1]

危地马拉

几内亚

几内亚比绍[2]

圭亚那[1]

海地

洪都拉斯

印度

印度尼西亚[5]

伊拉克

牙买加[1]

约旦

哈萨克斯坦

肯尼亚

基里巴斯

吉尔吉斯斯坦

黎巴嫩

莱索托

马其顿共和国

马达加斯加

马拉维

马里[2]

毛里塔尼亚

毛里求斯[4]

摩尔多瓦

蒙古

莫桑比克

纳米比亚

尼泊尔

尼日尔[4]

尼日利亚

阿曼

巴基斯坦

巴拿马

巴布亚新几内亚

巴拉圭

秘鲁[3]

菲律宾[5]

罗马尼亚

俄罗斯

卢旺达

圣基茨和尼维斯[1]

圣卢西亚[1]

圣文森特和格林纳丁斯[1]

萨摩亚

圣多美和普林西比

塞内加尔[2]

塞舌尔

塞拉利昂

所罗门群岛

索马里

南非

斯里兰卡

苏里南

斯威士兰

坦桑尼亚[4]

泰国[5]

多哥[2]

汤加

特立尼达和多巴哥[1]

突尼斯

土耳其

图瓦卢

乌干达

乌拉圭

乌兹别克斯坦

瓦努阿图

委内瑞拉[3]

也门共和国

赞比亚

津巴布韦

5.5.5　非独立国家和地区

安圭拉

英属印度洋领地

圣诞岛（澳大利亚）

科科斯（基林）岛

库克群岛[①]

马尔维纳斯群岛（福克兰群岛）

直布罗陀

赫德岛和麦克唐纳群岛

蒙特塞拉特[1]

纽埃[②]

诺福克岛

皮特凯恩岛

圣赫勒拿

托克劳

特克斯和凯科斯群岛

英属维尔京群岛

---

① 库克群岛，大洋州国家，1997 年 7 月 25 日与中国建交。——译者注

② 纽埃，大洋州国家，2007 年 12 月 12 日与中国建交。——译者注

瓦利斯群岛和富图纳群岛　　　　　　西撒哈拉

约旦河西岸与加沙地带

注：

[1] 加勒比共同市场成员国（视为一个国家）。

[2] 西非经济货币联盟成员国（视为一个国家）。

[3] 卡塔赫纳协定成员国——安第斯共同体① （视为一个国家）。

[4] 南部非洲发展共同体成员国（视为一个国家）。

[5] 东南亚国家联盟成员国（仅普惠制适用国家）被视为一个国家。

5.6 《加勒比盆地倡议》(CBI)和《加勒比盆地经济复苏法》(CBERA)

《加勒比盆地倡议》(CBI)项目允许从指定受惠国或地区免税进口某些商品。美国于 1984 年 1 月 1 日颁布《加勒比盆地经济复苏法》(CBERA)，该项目自此开始生效，无到期日。

5.6.1 受惠国

以下国家和地区已被指定为《加勒比盆地倡议》的受惠国：

安提瓜和巴布达	格林纳达
阿鲁巴	危地马拉
巴哈马	圭亚那
巴巴多斯	海地
伯利兹	洪都拉斯
哥斯达黎加	牙买加
多米尼克	蒙特塞拉特
多米尼加共和国	荷属安的列斯群岛
萨尔瓦多	尼加拉瓜

---

① 安第斯共同体(Andean Group)由南美洲五国——哥伦比亚、秘鲁、委内瑞拉、玻利维亚和厄瓜多尔——签署《卡塔赫纳协定》成立。——译者注

巴拿马	圣文森特和格林纳丁斯
圣基茨和尼维斯	特立尼达和多巴哥
圣卢西亚	英属维尔京群岛

5.6.2　产品资格

来自指定受惠国的大多数产品都有可能享受《加勒比盆地倡议》免关税待遇。这些产品在《美国协调关税表》第 1 栏下的"特殊"子列中标识为"E"或"E＊"。如果直接从协议指定的国家和地区进口到美国,以这种方式标识归类的商品可以免关税进入美国。

但是,在协议有效期内,来自其中一个或多个国家或地区的商品可能会不时被排除在项目外。此外,受惠国名单也可能会不时变化。因此,进口商应查阅美国最新版本的《美国协调关税表》以获取有关商品资格的最新信息。最新版《美国协调关税表》的总注 7(a)包含最新的受惠国名单信息。

5.6.3　申请

只有满足以下条件,商品才有资格享受《加勒比盆地倡议》免税待遇:

- 商品必须在受惠国生产。满足此要求的条件是:
  ① 货物完全由受惠国种植、生产或制造,或
  ② 货物已在受惠国实质性地转变为全新的或不同的商品。
- 商品必须直接从任一受惠国进口到美国关税区。
- 对于需要正式入境的商业货物,通过证明原产地是指定的受惠国,并在美国海关和边境保护局表格 7501 中插入字母"E"作为适用关税表编号的前缀,根据《加勒比盆地倡议》申请优惠关税待遇。
- 一个或多个受惠国生产的材料的成本或价值和(或)在一个或多个受惠国进行加工作业的直接成本必须至少占进口商品评估价值的 35%。就本要求而言,波多黎各联邦和美属维尔京群岛被定义为受惠国;因此,在波多黎各或美属维尔京群岛生产的价值也可计算在内。除波多黎各外,在美国关税区生产的材料的成本或价值也可计入 35% 的增值要求,但最多不得超过进口商品估价的 15%。

从非受惠国进口到受惠国的材料，如果首先实质性地转化为新的或不同的商品，随后用作生产具备免税资格产品的组成材料，其成本或价值可以包括在具备免税资格产品的35%增值要求的计算中。"加工作业的直接成本"包括生产过程中直接产生或合理分配给产品生产过程的成本，例如，实际劳动力、冲模、铸模、工具、机械折旧、研发、检验和测试的成本。业务管理费用、管理费用和利润以及一般业务费用，如伤亡和责任保险、广告和销售人员的工资，不作为加工作业的直接成本。

5.6.4 《加勒比盆地倡议Ⅱ》第215节和222节

除了上文列举的原产地规则，《1990年海关和贸易法》还根据《加勒比盆地倡议》增加了免关税资格的新标准。首先，如果满足以下三个条件，波多黎各种植、生产或制造的产品以及随后在《加勒比盆地倡议》受惠国加工的产品也可享受免关税待遇：

- 直接从受惠国进口到美国关税区。
- 在受惠国发生价值增长或状况改善，方式不限。
- 在受惠国添加到产品中的任何材料必须由受惠国或美国制造。

此外，在受惠国由美国组件或成分（水除外）组装或加工而成的物品可以免关税进入。如果产品组件或成分直接出口到受惠国，且成品直接进口到美国关税区，则适用免关税待遇。

进口商和其他相关方可获得预先裁定，以确定您的商品是否符合《加勒比盆地倡议》免关税待遇。

5.6.5 其他信息来源

《美国海关和边境保护局条例》第10.191—10.198节中纳入了与《加勒比盆地倡议》相关的管理条例。关于《加勒比盆地倡议》管理或实施方面的任何问题，可向商品入境港的港务局长提出，或邮寄至下列地址：

美国海关和边境保护局贸易执法和便利化司司长

华盛顿特区西北宾夕法尼亚大道 1300 号，邮编：20229

 ## 5.7 《安第斯贸易优惠法》(ATPA)/《安第斯贸易促进和毒品根除法》(ATPDEA)

《安第斯贸易优惠法》(ATPA)规定从指定受惠国进口的某些商品可享受免关税待遇。该优惠法由美国于 1991 年 12 月 4 日颁布，并于 2001 年 12 月 4 日到期。《2022 年贸易法》于 2001 年 12 月 4 日通过成为法律后，将《安第斯贸易优惠法》延长至 2006 年 12 月 31 日，并引入了新的《安第斯贸易促进和毒品根除法》(ATPDEA)规定。《安第斯贸易促进和毒品根除法》扩大了《安第斯贸易优惠法》受惠国的某些纺织品贸易利益。

5.7.1 受惠国

以下国家被指定为《安第斯贸易优惠法》或《安第斯贸易促进和毒品根除法》受惠国：

玻利维亚	厄瓜多尔
哥伦比亚	秘鲁

5.7.2 产品资格

当《安第斯贸易优惠法》被更新时，该法案的部分内容得到扩展，成为《安第斯贸易促进和毒品根除法》，将优惠待遇扩大至以前《安第斯贸易优惠法》未包含的商品。其中包括某些皮革材料、手表和手表零件、石油和石油衍生物、用箔纸或其他软包装包装的金枪鱼、某些鞋类以及某些纺织品和服装制品。

然而，许多产品仍然被排除在优惠待遇之外，包括某些纺织品和服装；朗姆酒和塔菲亚酒；以及某些超过配额的农产品（如罐装金枪鱼、糖浆、糖和糖制品），这些产品受关税配额限制。

所有《安第斯贸易优惠法》受惠国都可享受到优惠待遇的非纺织货物在《美国协调关税表》第 1 栏下的"特殊"子列中标识为"J"。只有部分受惠国有资格享受优惠待遇的货物用"J＊"表示。扩展修订后的《安第斯贸易促进和毒品根除法》规定中具备优惠待遇资格的商品标识为"J＋"。

　　某些纺织品和服装如果满足特定要求，可以免关税或不受数量限制进入美国。符合优惠待遇的纺织品和服装在《美国协调关税表》第98章第21分章中列出。

5.7.3　原产地规则

　　来自指定受惠国的需要正式入境的商业货物可以通过在美国海关和边境保护局表格7501（入境申报单）上输入字母"J"作为适用关税表编号的前缀，根据《安第斯贸易优惠法》或《安第斯贸易促进和毒品根除法》申请优惠关税待遇。

　　只有满足以下条件，非纺织商品才有资格享受《安第斯贸易优惠法》或《安第斯贸易促进和毒品根除法》免关税待遇：

- 商品必须是受惠国生产的。满足此要求的条件是：
  - ① 产品完全由受惠国种植、生产或制造；或
  - ② 物品在受惠国从实质上转化为全新的或不同的贸易产品。
- 商品必须直接从任一受惠国进口到美国关税区。
- 在《安第斯贸易优惠法》或《加勒比盆地倡议》的一个或多个受惠国中所生产的材料的成本或价值和（或）在这些国家中进行的直接加工成本必须至少占到货物评估价值的35％。就本要求而言，波多黎各联邦和美属维尔京群岛被定义为受惠国。此外，在美国关税区（除波多黎各外）生产的材料的成本或价值可计入35％的增值要求，但最多不得超过进口物品估价的15％。

　　某些纺织品和服装如果满足特定要求，可以免税或不限数量进入美国。符合优惠待遇的纺织品和服装在《美国协调关税表》第98章第21分章中列出。

　　从非受惠国进口到《安第斯贸易优惠法》或《加勒比盆地倡议》受惠国的原材料，如果首先实质性地转化为新的或不同的商品，随后用作生产具备免税资格产品的组成材料，其成本或价值可以包括在具备免税资格产品的35％增值要求的计算中。"加工作业的直接成本"包括生产过程中直接产生或合理分配给产品生产过程的成本；例如，实际劳动力、冲模、铸模、工具、机械折旧、研发、检验和测试的成本。业务管理费用、管理费用和利润以及其他一般业务费用，如伤亡和责任保险、广告和销售

人员的工资,不作为加工作业的直接成本。

更多信息见美国海关和边境保护局网站。

5.8 《美国—以色列自由贸易区协定》(ILFTA)

签订《美国—以色列自由贸易区协定》最初是为了对以色列生产的商品提供免关税待遇,以促进两国之间的贸易。该项目由美国在《1984 年贸易和关税法》中授权,于 1985 年 9 月 1 日生效,无终止日期。《美国协调关税表》经修订后纳入总注 8,以执行《美国—以色列自由贸易区协定》。

《美国—以色列自由贸易区协定》于 1996 年 10 月 2 日经修订,授权总统实施某些变更,可影响约旦河西岸与加沙地带和合格工业区(QIZ)货物关税状况。1996 年 11 月 13 日第 6955 号总统公告新编写了总注 3(v)来为这些货物实施这一新项目。根据总注 3(v),在满足特定要求的前提下,约旦河西岸与加沙地带或某个合格工业区所生产的产品如直接从约旦河西岸与加沙地带、某个合格的工业区或以色列进口,则可获得免关税待遇。总统公告 6955 还修改了以色列产品免关税待遇的资格要求。

《美国协调关税表》的总注 3(a)(v)(G)将合格工业区定义为符合以下条件的区域:

(1) 由以色列和约旦或以色列和埃及的部分领土构成;

(2) 已被地方当局指定为无需缴纳关税或消费税即可进入的飞地;并且

(3) 已由美国贸易代表在《联邦公报》发布的通知中指定为合格工业区。

5.8.1 产品资格

《美国—以色列自由贸易区协定》适用于《美国协调关税表》中所列的多种商品,这些商品在第 1 栏下的"特殊"子列中以"IL"标识。

5.8.2 以色列产品

进口到美国关税区的物品只有符合下列情况下才有资格被视为"以色列产品":

- 商品必须是由以色列生产,满足此要求的条件是:
  ① 产品完全由以色列种植、生产或制造;

② 或物品在以色列从实质上转化为全新的或不同的贸易产品。

- 该商品直接从以色列、约旦河西岸与加沙地带或某个合格工业区进口到美国关税区；

- 以下成本总价不低于该物品进口时评估价值的 35％。如果符合条件的物品含有在美国关税区内生产的材料的成本或价值,可纳入评估价值的 35％计算,但此类材料的成本或价值不得超过该物品入境时估价的 15％：
  ① 以色列、约旦河西岸与加沙地带或某个合格工业区生产的材料的成本或价值,加上
  ② 以色列、约旦河西岸与加沙地带或某个合格工业区执行的加工作业的直接成本

5.8.3 约旦河西岸与加沙地带或某个合格工业区的产品

进口到美国关税区的物品只有符合下列情况下才被视为约旦河西岸与加沙地带或合格工业区的产品：

- 该物品在约旦河西岸与加沙地带或某个合格工业区种植、生产或制造；

- 该物品直接从约旦河西岸与加沙地带、合格工业区或以色列进口到美国关税区；

- 以下成本总价不低于该物品进口时评估价值的 35％。如果符合条件的物品含有在美国关区内生产的材料的成本或价值,可纳入评估价值的 35％计算,但此类材料的成本或价值不得超过该物品入境时估价的 15％：
  ① 约旦河西岸与加沙地带、某个合格工业区或以色列生产的材料的成本或价值,加上
  ② 约旦河西岸与加沙地带、某个合格工业区或以色列加工作业的直接成本

任何物品不得因以下操作而被视为符合这些要求：

- 简单的组合或包装,或
- 仅用水或其他物质稀释而未实质性地改变物品特性。

"加工作业的直接成本"包括但不限于：

- 种植、生产、制造或组装特定商品过程中产生的所有实际劳动力成本，包括附加福利、在职培训、以及工程、监督、质量控制和类似的人员成本。
- 可核算为特定商品成本的冲模、铸模、工具和机械设备折旧。

加工作业的直接成本不包括非直接归属于相关商品生产成本或非产品制造成本，例如：

（1）利润。

（2）经营过程中不可核算为特定商品的成本或与商品的种植、生产、制造或组装无关业务的一般费用，如主管薪金、伤亡责任保险、广告、销售人员工资、佣金、费用等。

5.8.4 原产地证书 A 表

联合国贸易和发展会议原产地证书 A 表作为文件证据用于以色列产品正式入境所涉及的免关税和低税率申请。但是，如果美国海关和边境保护局在入境时没有提出要求，可不填写。

表格 A 可以随每一批次进口货物提交，也可以 12 个月为期限进行综合申报。表格 A 可从以色列授权签发机关获得，或从以下机构获得：

United Nations Conference on Trade and Development Two

U.N. Plaza Room 1120

New York, NY 10017

Tel.：212.963.6895

5.8.5 非正式进口

非正式进口的商业或非商业货物不需要表格 A。但是，港务局长可要求提供其认为必要的其他原产地证据。

为避免旅客延误,如果现有事实使海关官员确信相关商品是以色列产品,则海关和边境保护局的检查官员将对旅客随行的所有合格物品适用以色列的免关税或减免税待遇。此种情况下,不需要表格 A。

5.8.6 其他信息来源

有关《美国—以色列自由贸易区协定》管理或实施方面的问题应提交至:

Executive Director, Trade Compliance and Facilitation Division

U.S. Customs and Border Protection

Washington, DC 20229

有关《美国—以色列自由贸易区协定》政策问题的信息请求应发送至:

Chairman, Trade Policy Staff Subcommittee

Office of U.S. Trade Representative

600 17th St., NW

Washington, DC 20506

5.9 《美国—约旦自由贸易区协定》(JOFTA)

《美国—约旦自由贸易区协定》于 2001 年 12 月 17 日生效,规定在 10 年内对几乎所有符合条件的货物取消关税。

5.9.1 产品资格

《美国—约旦自由贸易区协定》优惠适用于《美国协调关税表》中"特殊"子列中以"JO"标识的关税商品。

5.9.2 资格要求——通用

在下列情况下,进口到美国关税区的物品可享受《美国—约旦自由贸易区协定》

优惠待遇：

- 完全在约旦获得或生产，不涉及外国原料；或
- 为约旦"产品"，其中(1)约旦生产的材料成本，加上(2)约旦加工的直接成本不低于该物品进入美国时的商品评估价值的 35%。在美国生产的材料的成本或价值，可纳入评估价值门槛的 35% 计算，但此类材料的成本或价值不得超过该物品入境时估价的 15%。并且；
- 该物品须直接进口至美国。

5.9.3 资格要求——纺织品和服装

纺织品和服装制品，除例外情况外，与非纺织品一样，应遵循"实质性转变加上 35%"的价值-内容规则[见总注 18(d)]。

5.9.4 合格工业区

《美国—约旦自由贸易区协定》不影响从合格工业区(QIZ)进口的商品。

由于某些产品的关税减免将分阶段进行，进口商可能会选择继续经由合格工业区(QIZ)进口合格商品，而不是依据《美国—约旦自由贸易区协定》。

5.9.5 认证

美国海关和边境保护局不要求出示原产地证书。通过提出优惠申请，进口商被默认为可证明货物符合本协定的要求。

5.9.6 文件

进口商应准备向美国海关和边境保护局提交一份声明，说明有关该物品生产或制造的相关信息以及声明所依据的所有支持文件。这些信息必须保存在进口商档案中五年。进口商未能提供声明和(或)充分的证明文件将导致申请被拒绝。

5.9.7 商品加工费

《美国—约旦自由贸易区协定》不免除支付商品加工费。

5.9.8　其他信息来源

更多信息可在美国海关和边境保护局网站上获得,也可在美国贸易代表网站上找到。

5.9.9　参考文献

- 总统公告 7512,2001 年 12 月 7 日。
- 《公法》107 - 43,2001 年 9 月 28 日。
- 《美国协调关税表》,总注 18。

5.10　《自由联邦协定》(FAS)

《自由联邦协定》规定某些商品可从指定的自由联合国家免关税入境。(《公法》99 - 239,《1985 年自由联邦协定法案》,《美国法典》第 48 卷 1681 条注。《联邦法律汇编》59 卷 1031 号,并由众议院第 63 号决议于 2003 年 12 月 17 日修订;《公法》180 - 188)。

密克罗尼西亚联邦和美国之间的《自由联邦协定》由谈判代表于 1980 年草签并于 1982 年正式签署。该协定在 1983 年举行的密克罗尼西亚联邦公民投票中获得通过。1986 年,美国国会通过了该协定的立法,并于 1986 年 11 月 13 日签署通过为法律。

5.10.1　受惠国

以下自由联邦已被指定为《自由联邦协定》的受惠国:

马绍尔群岛
密克罗尼西亚联邦
帕劳共和国

5.10.2　产品资格

免关税待遇适用于大多数来自指定受惠国的产品。对于需要正式进口的商业

货物,可将字母"Z"放在符合条件商品的子目旁来申请免关税待遇。下列商品不包括在免关税范围内:

- 受纺织品协议约束的纺织品和服装制品。
- 不符合普惠制免税待遇的鞋类、手提包、行李、平幅针织物、工作手套和皮革服装,该规定于 1984 年 4 月 1 日通过讨论,见于第 17 章。
- 《美国协调关税表》第 91 章中列出的手表、时钟和计时装置(带有光电显示器且无其他类型显示器的物品除外)。
- 《美国协调关税表》子目 9606.21.40 或 9606.29.20 中的纽扣。
- 未经油浸而制备或腌制的金枪鱼及鲣鱼,装于每只质量不超过 7 千克的密闭容器内,"超过"免关税进口的消费配额数量。
- 第 2 章至第 52 章规定的属于关税配额的任何农产品,若输入的数量超过了该产品的配额数量。

5.10.3　原产地规则

只有满足以下条件,商品才有资格享受《自由联邦协定》免关税待遇:

- 商品必须在自由联邦国家生产。当商品满足以下条件时被视为达到该要求:(1)产品完全是自由联邦国家种植、生产或制造,或(2)产品已在自由联邦国家实质性地转变为新的或不同的商品。
- 商品必须直接从自由联邦国家进口到美国关税区。
- 由受惠国生产的材料的成本或价值必须至少占到进口到美国物品的评估价值的 35%。此外,在美国关税区生产的材料的成本或价值可计入 35% 的增值要求,但至多只能占到进口物品评估价值的 15%。从非受惠国进口到自由联邦国家的材料成本或价值可计算在符合条件的商品的 35% 增值要求中,前提是材料首先实质性地转化为新的或不同的商品,然后用作该符合条件的产品生产中的组成材料。

5.10.4　其他信息来源

关于《自由联邦协定》管理或实施方面的任何问题,可向商品进口口岸的港务局长提出,或者提交至以下地址:

Director

Commercial Compliance Division

U. S. Customs and Border Protection

Washington, DC 20229

 ## 5.11　《非洲增长与机遇法案》(AGOA)

《非洲增长与机遇法案》为撒哈拉以南非洲国家的某些商品提供与普遍优惠制度(GSP)相同的免税待遇,这些物品通常不属于普惠制规定的范围。《非洲增长与机遇法案》于 2000 年 5 月 18 日颁布,作为《2000 年贸易和发展法》(《公法》106 - 200,《联邦法律汇编》114 卷 251 号)的第一篇,于 2000 年 10 月 1 日生效,并经 2002 年《贸易法》修订。经扩展的普惠制待遇有效期至 2008 年 9 月 30 日。

《非洲增长与机遇法案》还规定,在满足严格条件的前提下,特定纺织品和服装享有免关税、不限量进口待遇。这种对合格纺织品和服装的优惠待遇受到某些限制。

非纺织品、非服装类产品申请《非洲增长与机遇法案》优惠待遇,须在《美国协调关税表》的"税率 1 - 特殊"栏中在此类物品的子目前插入标识"D"。纺织品和服装类商品申请则须输入适当的第 98 章关税编号,其详细信息可在《美国协调关税表》第 98 章第 19 分章中查找。

5.11.1　受惠国

根据《非洲增长与机遇法案》,有三类受惠国:

- 撒哈拉以南非洲受惠国;

- 撒哈拉以南非洲欠发达受惠国；和
- 有资格享受纺织品或服装免关税待遇的撒哈拉以南非洲受惠国。

美国总统将每年监测和审查撒哈拉以南非洲国家的当前或潜在资格，决定其是否被指定为受惠国。因此，这些国家的名单可能会在项目的整个有效周期中发生变化。进口商应查阅最新版《美国协调关税表》总注 16，了解当前受惠国的信息。

被《非洲增长与机遇法案》指定为受惠国的撒哈拉以南非洲国家名单列于《美国协调关税表》总注 16 中。被《非洲增长与机遇法案》指定为欠发达受惠国的撒哈拉以南非洲国家名单列于《美国协调关税表》美国注释 2(d) 第 98 章第 19 分章。已经建立了签证制度并被《非洲增长与机遇法案》指定为可进口纺织品和服装商品的国家名单列于《美国协调关税表》美国注释 1 第 98 章第 19 分章中。

5.11.2　产品资格

5.11.2.1　普惠制待遇扩展

《1974 年贸易法》授权总统对某些本不包含在普惠制优惠待遇中的物品提供普惠制下的免关税待遇。撒哈拉以南非洲受惠国的多项产品被指定享有免关税待遇，包括：

- 一些钟表。
- 某些电子设备。
- 某些钢铁和金属。
- 某些纺织品或服装。
- 某些半成品和玻璃制品。

符合《非洲增长与机遇法案》免税待遇的完整产品清单可在网站 www. agoa. gov 上获取。总统可以将免关税待遇扩大到除纺织品和服装以外的几乎所有产品的进口，只要这些产品符合以下条件：

- 由撒哈拉以南非洲受惠国种植、生产或制造。
- 直接从撒哈拉以南非洲受惠国进口到美国关税区。

- 满足增值要求。
- 总统确认,在从撒哈拉以南非洲受惠国家进口产品的情况下,这些产品不属于进口敏感性产品。撒哈拉以南非洲受惠国也不受竞争性需求限制。

5.11.2.2　某些纺织品和服装的优惠待遇

为了使纺织品或服装制品有资格享受优惠待遇,必须指定撒哈拉以南非洲受惠国家为有资格享受纺织品或服装优惠的国家。这一指定要求美国确定该国是否满足《非洲增长与机遇法案》关于该国防止非法转运程序(包括有效签证制度)的要求,并确认该国已实施与《北美自由贸易协定》第五章中相关程序和要求在所有重大方面相似的程序和要求。在指定一个国家具有优惠待遇资格时,美国贸易代表会发布一份联邦公报通知。该信息可在网站 www.ustr.gov 和 www.agoa.gov 上查阅。

《非洲增长与机遇法案》为具备资格的撒哈拉以南非洲受惠国所生产的某些纺织品和服装的进口提供免关税和免配额优惠。在大多数情况下,无论这些受惠国出口到美国的服装总量如何,都可享受这一优惠。可享受优惠待遇的六大类纺织品和服装制品列在《美国协调关税表》第 98 章第 19 分章中。

5.11.3　其他信息来源

《非洲增长与机遇法案》的全文可在网站 www.agoa.gov 上查阅。

《美国海关和边境保护局条例》第 10.211—10.217 节纳入了有关《非洲增长与机遇法案》相关的海关与边境条例。实施普惠制的其他法规包含在《美国海关和边境保护局条例》第 10.178 节中。与《非洲增长与机遇法案》相关的海关和边境保护局条例也可在网站上获取,网址为 www.agoa.gov。

对于特定问题或请求裁决,请发送至:

Director

National Commodity Specialist Division

U.S. Customs and Border Protection One Penn Plaza, 11th Floor

New York, NY 10119

有关进口程序的更多信息也可在美国海关和边境保护局网站查询。

美国贸易代表办公室编制了一份《非洲增长与机遇法案实施指南》,可在《非洲增长与机遇法案》网站 www. agoa. gov 查阅。指南中未涉及的关于《非洲增长与机遇法案》的问题,可提交至:

Office of African Affairs

Office of the United States Trade Representative 600 17th Street, NW

Washington, DC 20508

Tel.: 202. 395. 9514

Fax: 202. 395. 4505

有关普惠制计划的更多信息,请访问美国贸易代表网站 www. ustr. gov 和美国贸易代表办公室普惠制信息中心,地址如上,电话 202. 395. 6971。

有关不适用商业进口限额的服饰类帽子、织物和纱线信息,以及手工编织、手工缝制和民俗制品的信息,可从美国商务部、纺织品和服装办公室网站获得。

5.12 《美国—加勒比盆地贸易伙伴关系法》(CBTPA)

《美国—加勒比盆地贸易伙伴关系法》扩大了《加勒比盆地经济复苏法》(CBERA;见第 18 章)下加勒比和中美洲国家目前可获得的贸易优惠范围。

在满足特定条件的前提下,《美国—加勒比盆地贸易伙伴关系法》允许特定的纺织品和服装产品免关税或无限量进入美国。它还将《北美自由贸易协定》的关税标准扩展到此前被《加勒比盆地经济复苏法》排除在免关税待遇之外的非纺织产品。

《美国—加勒比盆地贸易伙伴关系法》的贸易优惠开始于 2000 年 10 月 1 日,终止日期为 2008 年 9 月 30 日或美国与《美国—加勒比盆地贸易伙伴关系法》受惠国之间的自由贸易协定生效之日(以先到者为准)。(详情见 2000 年 5 月 18 日颁布的《2000 年贸易和发展法》第 2 章[《公法》106 - 200,《联邦法律汇编》114 卷 251 号])。

2002 年 8 月 6 日,总统签署了《2002 年贸易法》,对《加勒比盆地经济复苏法》第 213(b)节第(2)(a)段的纺织品和服装商品规定进行了修改。

5.12.1 受惠国

受惠国名单可能会在项目的整个有效期间发生变化。享有受惠国资格的最新国家清单参见《美国协调关税表》总注 17。

《美国—加勒比盆地贸易伙伴关系法》扩大的贸易优惠待遇适用于《美国—加勒比盆地贸易伙伴关系法》的指定受惠国。要获得这些优惠待遇，《美国—加勒比盆地贸易伙伴关系法》受惠国必须满足本贸易协定的要求，即该有资格的国家已经实施了与《北美自由贸易协定》第五章中相关程序和要求在所有重大方面相似的程序和要求。

5.12.2　产品资格

某些纺织品和服装商品的优惠待遇。

某些纺织品和服装商品可以免关税进入美国，数量不受限制。符合优惠待遇条件的纺织品和服装制品列于《美国协调关税表》第 98 章第 20 分章中。

为执行《美国—加勒比盆地贸易伙伴关系法》，海关和边境保护局条例制定了相关要求，包括申请优惠待遇必须提供的具体文件、程序和其他要求。进口商品前，应查询《美国海关和边境保护局条例》和《美国协调关税表》总注 17，以确保达到所有要求。

5.12.3　《北美自由贸易协定》同等待遇

除纺织品和服装商品外，《美国—加勒比盆地贸易伙伴关系法》允许对以前不包括在《加勒比盆地倡议》计划中的货物提供《北美自由贸易协定》所规定的关税待遇。因此，进口鞋类、罐装金枪鱼、石油和石油产品、手表和手表零件、手提包、行李箱、平幅针织物、工作手套和皮革服装，在符合《美国—加勒比盆地贸易伙伴关系法》原产货物的条件下，有资格享受与给予墨西哥产品相等的减税优惠，墨西哥产品的税率在《北美自由贸易协定》规定的分阶段降低税率的产品中指定。

5.12.4　申请

总统指定有资格享受《美国—加勒比盆地贸易伙伴关系法》优惠待遇的物品，在《美国协调关税表》第 1 章至第 97 章的"特殊"子列中税率后标有标识"R"。除了标识为"免税"的物品外，如果"特殊"子列中出现税率，其后的物品品目或子目后标识为"E"或"E＊"，并且后缀有符号"R"的较低税率也出现在该子列中，则该物品具备资格获得较低的税率。

以加勒比朗姆酒为原料的某些饮料

《美国—加勒比盆地贸易伙伴关系法》为加拿大境内生产的某些甜酒和烈酒提供免关税待遇,这些甜酒和烈酒以《美国—加勒比盆地贸易伙伴关系法》受惠国或美属维尔京群岛所种植、生产或制造的朗姆酒为原料。

5.12.5 其他信息来源

《美国海关和边境保护局条例》第 10.221 - 10.228 和 10.231 - 10.237 节将海关和边境保护局与《美国—加勒比盆地贸易伙伴关系法》有关的规则与条例纳入其中。更多信息请访问美国海关和边境保护局网站:www.cbp.gov/xp/cgov。

此外,还需参考《美国协调关税表》的总注 17,了解《美国—加勒比盆地贸易伙伴关系法》的具体要求。

对于特定问题或请求裁决,请发送至:

Director, National Commodity Specialist Division
U. S. Customs and Border Protection One Penn Plaza, 10th Floor
New York, NY 10019

有关《美国—加勒比盆地贸易伙伴关系法》的信息也可从以下机构获得:

Office of the United States Trade Representative Office of the Western Hemisphere
600 17th Street, NW Washington, DC 20508
Tel.: 202.395.5190
Fax: 202.395.9675

关于数量限制,不适用于商业进口数量的织物和纱线,以及手工编织、手工缝制和民俗制品的更多信息,可在商务部纺织品与服装司网站上获得。商务部还提供了有关《美国—加勒比盆地贸易伙伴关系法》的详细信息。

5.13 《美国—智利自由贸易协定》(US - CFTA)

《美国—智利自由贸易协定》(US - CFTA)于 2004 年 1 月 1 日生效,颁布了《美国—智利自由贸易协定实施法》(《公法》108－77;《联邦法律汇编》117 卷 909 号)。(第 7746 号总统公告,即《美国—智利自由贸易协定》的官方公告,以提述方式纳入美国国际贸易委员会第 3652 号出版物。第 3652 号出版物修订了《美国协调关税表》,增加了执行《美国—智利自由贸易协定》第 19 章关税条款的总注 26。《美国联邦法规》正在修订中,以实施《美国—智利自由贸易协定》法案。)

在最长 12 年的过渡期内,《美国—智利自由贸易协定》取消对原产于智利和美国的货物的关税。根据消除关税的时间表,85％的智利货物立即获得免关税待遇。对剩余货物的关税将在 4 年、8 年、10 年和 12 年内逐步取消,然而智利和美国稍后可能会选择加速这一进程。

5.13.1　产品资格

根据协议规定,原产于智利或美国的商品将享受减免关税,并将其作为《美国协调关税表》的总注 26 纳入美国国内立法。原产于其他地方,仅通过智利转运的货物无权享受这些优惠待遇。

原产是用于描述符合本协议第 4.1 条要求的货物的术语。第 4.1 条将原产定义为符合下列条件之一的货物:

- 货物完全在智利或美国境内获得或生产;
- 货物在智利或美国境内生产,并通过税则归类变更或通过税则归类变更加上从价百分比规则满足附件 4.1 中的规定,或
- 该产品完全在智利或美国生产,并完全由本地原材料生产。

随后在智利或美国领土以外进行除卸载、重新装载或为保持货物状况所需程序外的任何操作,该货物将不再被视为原产货物。经过简单组合或包装操作或仅与水或其他物质稀释的货物将不被视为原产货物。

5.13.2　入境程序

对于需要正式入境的商业货物,进口商可以通过在 CF7501(入境申报单)的关税归类号前加上"CL"来申请优惠关税待遇。

根据本协定第 4.13(7)条,当原产货物的价值为 2 500 美元或以下时,美国不要

求其具有原产地证书。

5.13.3　原产地证明

《美国—智利自由贸易协定》要求进口商证明优惠待遇要求的有效性。应美国海关和边境保护局的要求，进口商必须提交原产地证明或其他证明文件，证明进口货物为"原产"，符合本协定定义。

与其他贸易协定一样，《美国—智利自由贸易协定》原产地证明无官方表格，也不需要采用规定的格式。原产地证明可以采取多种形式，如公司信头声明、商业发票声明或证明文件。但是，无论采用何种形式或格式，必须包含以下数据，以证明货物符合《美国—智利自由贸易协定》原产货物定义：

- 进口商的名称和地址；
- 出口商的名称和地址；
- 生产商的名称和地址；
- 货品描述；
- 统一关税归类号；
- 优惠标准；
- 单次装运的商业发票编号，
- 以"mm/dd/yyyy 至 mm/dd/yyyy"格式（最多 12 个月）确定相同货物的多次装运的总期限；
- 授权签字、公司、职务、电话、传真、电子邮件和认证日期；
- 信息正确证明。

原产地证明可涵盖一次进口或多次进口，期限不超过 12 个月。进口商必须在美国保留原产地证书和证明文件，并应要求提供给美国海关和边境保护局。

5.13.4　其他信息来源

美国海关和边境保护局（CBP）起草了实施《美国—智利自由贸易协定》规定的条例。这些条例可在《美国海关和边境保护局条例》第 10.401 至 10.490 节中查找。此外，信息已发布在美国海关和边境保护局网站。

5.14 《美国—新加坡自由贸易协定》(US–SFTA)

《美国—新加坡自由贸易协定实施法案》(《公法》108 — 78;《联邦法律汇编》117 卷 948 号;《美国法典》第 19 卷 3805 条注)于 2004 年 1 月 1 日生效。该法案执行生效后,修订了《美国协调关税表》,纳入总注 25,其中包含有关《美新自由贸易协定》的具体信息。该协定规定在 10 年内立即或逐步取消原产于美国和新加坡的双边货物和服务贸易的关税和障碍。海关条例正在更新,以实施该协定的条款。

根据《美国—新加坡自由贸易协定实施法案》第 202 节,一般情况下,非纺织品在以下情况下作为"新加坡产品"享受优惠关税待遇:

- 该商品完全在新加坡、美国分别获得或生产,或在两国合作获得或生产。
- 从新加坡进口的商品在生产过程中使用的非原产材料需满足以下两种条件之一:

    ① 由于该材料的生产完全发生在新加坡或美国,或由两国合作完成,因此适用于《美国协调关税表》总注 25(o)中规定的关税分类适用变更(税则归类变更),或

    ② 该商品满足适用的从价百分比或总注 25(o)中规定的其他要求。

- 进口货物属于在总注 25(m)中列举为从新加坡进口的货物之一。该规定称为综合采购计划。

纺织品或服装商品必须符合总注 25 的条款,才能获得《美国—新加坡自由贸易协定》规定的优惠关税待遇。

5.14.1 综合采购计划(ISI)

根据《美国—新加坡自由贸易协定》第 32(1)条,总注 25(m)中列出的某些信息技术和医疗产品在美国和新加坡之间运输时可被视为本协议的原产货物,无论它们是否满足适用的原产地规则。符合综合采购计划规定的货物若要获得《美国—新加坡自由贸易协定》规定的优惠,出口国必须是新加坡;但是,货物的原产地可能是任何国家。仅仅被进口到新加坡或美国并不意味着综合采购计划产品具备"原产"产

品身份——必须是从《美国—新加坡自由贸易协定》协定中的一个国家运输到另一个国家的货物。

综合采购计划的规定消除了这些产品必须符合"税则归类变更"或"从价百分比"要求的特定原产地规则要求。只有当综合采购计划产品是从非自由贸易协定方（例如马来西亚）运送到新加坡然后运往美国（并且只在那里存放，没有经过任何处理），然后运回新加坡，并在那里该综合采购计划产品被用作制造非综合采购计划产品的原料时，该综合采购计划原料、组件或产品才会影响从价百分比的计算。

根据要求，依据本综合采购计划规定享受优惠待遇的货物，必须向美国海关和边境保护局提供文件证明其直接从新加坡出口。就综合采购计划而言，新加坡的领土被定义为其陆地领土、内水和领海以及某些特定海域。尽管货物根据《美国—新加坡自由贸易协定》获得了"原产"产品资格，货物仍必须标明真正的原产地。

5.14.2　入境程序

对于需要办理正式入境的商业货物，可以在入境报关时提交优惠关税待遇申请，在要求享受优惠关税待遇的每一种货物或单项产品的协调关税表产品子目前加上"SG"作为前缀。对于在关税优惠水平（TPL）下有资格享受优惠待遇的非原产服装商品，请参阅《美国协调关税表》的总注 25 和第 99 章中的第 10 分章。

5.14.3　海关核查

如果美国海关和边境保护局提出要求，进口商必须提交包含信息数据的清单或支撑文件，以证明进口货物有资格享受优惠关税待遇。清单没有正式的海关和边境保护局表格，也没有要求的认证格式，可以电子方式提交。

进口商必须在进口之日起五年内保留所有与《美国—新加坡自由贸易协定》(US‑SFTA)货物进口有关的记录。这些记录包括但不限于货物的采购、成本、价值和支付，生产该货物所用的所有材料的采购、成本、价值和支付，以及出口时商品所处形态的制造记录。

有关《美国—新加坡自由贸易协定》的更多信息，请访问 www. cbp. gov。

5.15 反倾销税和反补贴税

反倾销税（AD）和反补贴税（CVD）是对拟在美国以异常低价销售的进口货物征收的附加税。这种低价有违对外贸易的公平，使一些进口商品比与之竞争的美国商品具有非劳动优势。

倾销是指在美国以低于生产者国内市场同类产品的价格销售产品的行为。倾销还包括试图以低于制造该产品成本的价格在美国销售产品。补贴是一些政府为降低制造商生产、制造或出口特定商品的成本而提供的财政援助。反补贴税的征收可以为美国国内产品和受补贴的进口产品提供"公平竞争环境"。然而，要达到实施反倾销或反补贴税的标准，进口商品除了获得补贴或以低于公平价格销售外，还要损害到美国的某个产业[①]。

商务部、国际贸易委员会（ITC）和美国海关和边境保护局在管理和执行反倾销和反补贴税法方面都发挥了作用。商务部负责法律的综合管理工作。商务部判断商品是否以低于公允价值的价格出售，是否得到补贴，以及关税率将是多少。国际贸易委员会确定该产品是否对美国特定行业造成损害[②]。一旦国际贸易委员会确定进口该商品有损某一特定行业，美国海关和边境保护局将根据商务部规定的税率征收实际关税。

通常，在确定征收反倾销或反补贴税之前，必须经过以下流程。

反倾销和反补贴税调查通常由商务部通过申请程序发起。尽管商务部有时也会自发开展调查，但通常由国内产业或其他利益相关方，如工会或行业协会，向商务部正式请求调查。如果寻求调查的一方还希望国际贸易委员会进行伤害测试，该方必须在当天同时向商务部和国际贸易委员会提交申请。

如果申请书包含必要的要素，商务部和国际贸易委员会将发起单独的调查，得出初步和最终的结论。如情况属实，商务部将发布反倾销或反补贴关税令，并将征收根据调查确定的反倾销税或反补贴税。

如果需要对国内某个产业遭受的损害进行测试，国际贸易委员将首先对可能的

---

① 只有当出口国是世界贸易组织《补贴和反补贴措施协定》的签署国时，反补贴税才适用。
② 《1930 年关税法》第 771(7)(a) 节中"对美国工业具有实质性损害"的定义为"并非无关紧要的、非实质性的或不重要的损害"。

损害做出初步的认定。如果认定不存在伤害，国际贸易委员会将不再进行进一步调查或采取行动。但是，如果认定存在伤害，商务部将发布关于倾销（反倾销）或补贴（反补贴税）问题的初步裁定。

经商务部进一步审查，并对案件中收到的公众意见进行分析后，商务部将发布其最终关税裁定。如果裁定有必要（反倾销或反补贴），商务部将指示美国海关和边境保护局暂停对受调查商品的清算，并要求准备与估计倾销幅度（公平市场价值和在美国销售的价格之间的差额）或净补贴相等的现金押金或保证金。

在这一步之后，国际贸易委员会将进行最终的伤害认定。如果这一认定也是得以确认，商务部将发布反倾销或反补贴关税令。届时，商务部还将指示美国海关和边境保护局收取估计关税的现金押金，极少数新托运人除外。

如果商务部或国际贸易委员做出否定的最终裁决，调查将终止，且该终止将作为本次调查的最终决定。两个机构都将在《联邦公报》上公布他们的裁定，包括反倾销或反补贴关税令和行政审查的结果（如下所述）。

每年，在反倾销或反补贴关税令生效一周年的月份内，利害关系方可以就其覆盖的个别生产者、转售商审查该裁定。这一审查通常着眼于周年月份之前的 12 个月，但第一次审查也可以包括通常的 12 个月期限之前暂停清算的任何时期。

如果无人要求进行年度审查，商务部将指示美国海关和边境保护局继续按照入境当日有效的现金或保证金费率收取保证金并征收相关商品的关税，并继续要求此类商品未来入境时按照该费率收取押金。如果要求进行审查，商务部将进行类似于其原始调查的审查，发布修订后的关税和押金费率，并指示美国海关和边境保护局根据其最新审查结果收取关税和清算进口商品。

5.16 退税

退税是对进口时合法收取的关税、某些国内税收和其他费用的退款。大陆会议于 1789 年设立了退税制度，目的是在新成立的美国创造就业机会，鼓励制造业和出口业。

退税主要针对进口后在海关和边境保护局的监督下出口或销毁的进口商品。

退税类型

尽管《美国法典》第 19 章 1313 节规定了若干种退税，但对大多数进口商来说，感兴趣的主要有三种类型的退税：

- 制造退税；
- 未使用商品退税，或
- 退货退税。

如进口商品用于制造新的产品，而新产品随后出口或被销毁，此类进口商品可申请退税，称为制造退税。例如，进口的 2 英寸扬声器被集成到某个型号的时钟收音机中，扬声器本身并没有改变，只是用来制造一样新的和完全不同的物品。

新的、不同的产品的生产操作必须在制造商或生产商收到进口商品的三年内进行。退税产品必须自进口之日起五年内出口或者销毁。如果用于制造或生产不同产品的商品不是进口商品，而是可在商业上互换的，即具有相同的种类和质量，或者与被比较的商品具有相同的八位数协调关税表税则号，并且申请退税的一方已经拥有该税则号三年，则可以对该商品支付退税。这被称为"替代"。

未使用商品退税是对进口商品在未进行任何生产操作的情况下出口或销毁，且从未在美国被使用的情况下支付的任何关税、税款或应收费用的退税。进口商品必须在进口之日起三年内出口。

退货商品退税是对因以下原因出口或销毁的进口商品退还关税：

- 与样品不一致或不符合规格；
- 未经收货人同意装运，或
- 进口时有缺陷。

要获取"退货商品"退税资格，所涉商品必须在从海关和边境保护局监管机构放行之日起三年内退还海关和边境保护局监管。

《联邦法规法典》第 19 卷 191 节提供了退税申请指南。退税申请只能在拥有退税中心的五个海关和边境保护局港口办事处之一提出：

- 芝加哥，伊利诺伊州
- 休斯顿，德克萨斯州

- 洛杉矶,加利福尼亚州

- 纽约/纽瓦克,新泽西州

- 旧金山,加利福尼亚州

    2004 年对被拒商品退税进行了修订,允许进口商品的有限替代。申请退税的进口商品必须与出口或销毁的商品归类在相同的八位数协调关税表税则号子目下,并具有与其相同的特定产品指示物(如零件号、产品代码或最小存货单位),且必须在进口后一年内出口或销毁。

    关于退税的其他问题应提交至:

Chief, Entry and Drawback Management

Office of Field Operations

U.S. Customs and Border Protection

1300 Pennsylvania

Avenue, NW

Washington, DC 20229

归类与价值

 归类——清算

6.1.1 归类

归类和适用从价税率时的估价是影响应纳税状况的两个最重要因素。归类和估价,无论它们是否因为适用从价税率而相关,都必须由商业进口商在提交报关单时提供。此外,必须提供根据关税表统计后缀的归类,即使这些资料与应纳税状况无关。因此,归类最初由进口商、报关行或准备入境单证的其他人员负责。《海关现代化法》第637条规定,进口商在对商品进行归类和评估时应采取合理的谨慎。

熟悉《美国协调关税表》的构成有助于归类过程。关税表分为不同的部分和章节,分别对应类别广泛的商品。这些类别包括动物产品、蔬菜产品、各种基本材料的产品,如木材、纺织品、塑料、橡胶、钢以及其他处于不同制造阶段的金属产品。其他章节包括化学品、机械和电气设备以及其他指定或未列举的产品。最后一节——第22节涵盖了某些例外关税情况和特别法律规定。

第1节至第21节中,产品可按以下规定归类:①商品命名或商品描述,称为名义条款;②通用说明;③通过成分材料识别产品;④根据商品实际或主要用途。当两种或两种以上的规定似乎涵盖同一种商品时,根据法律注释和关税表的《解释通则》确定适用归类。行政判例或美国国际贸易法院(前美国海关法院)或美国联邦巡回上诉法院(前美国海关和专利上诉法院)判例法中的关税归类原则同样适用。

6.1.2 清算

入境口岸的海关和边境保护局官员或代表港务局长行事的其他官员审查所选

归类和估价,以及其他所需的进口信息,以确定其正确性或作为估价的适用性,并确认提交的数据与实际进口的商品相符。入境申报单和文件可不作任何更改直接提交受理。在这种情况下,该申报被清算为已输入。清算是美国海关和边境保护局最终确定关税率和关税额的环节,该税率和税额适用于大多数情况。

清算主要通过在海关的公告板上张贴通知来完成。但是,进口商可能会收到预先通知,即海关和边境保护局表格 4333A"温情通知",说明何时以及以何种金额清算关税。此表不是清算表,直至通知张贴方产生申辩权利。申辩的时限从张贴之日开始,在张贴清算之前不能提交申辩。

美国海关和边境保护局可能会因为或此或彼的原因裁定某批进口货物不能被清算。例如,关税归类可能不正确或不可接受,因为它不符合既定的统一归类惯例。如果本裁定所要求的变更导致对进口商更有利的关税率,则应相应地对进口货物进行清算,并授权退还已交存估计关税的适当金额。另一方面,可能变更会提高税率。例如,根据免税条款或有条件豁免规定提出的免税申请因缺乏所需的证明文件而导致申请理由不足。这种情况下,将提前通知进口商拟增加的税率,并为其提供一次机会证明其所申请的免税或优惠税率是合理有效的。

如果进口商没有回复通知,或者如果发现其回复无效,则应按照更正后的税率对进口货物进行清算,并向进口商收取额外关税。港口可能会发现进口商的答复提出了非常复杂的问题,需要海关和边境保护局总部通过内部咨询程序作出决定来解答这些问题。当地海关和边境保护局官员可主动或响应进口商的请求,向海关和边境保护局总部请求内部建议。

6.1.3　申辩

清算后,进口商仍可以通过美国海关和边境保护局表格 19(《美国联邦法规》第19 卷 174 条),在清算后 90 天内提出申辩,对 2006 年 12 月 18 日之前提交的报关单提出调整或退款要求。对于 2006 年 12 月 18 日或之后提交的报关申请,申辩期延长至 180 天。为了申请总部裁决,必须与申辩书一起提交进一步审查的请求。表格19 也同样可用于此申请。如果单独提交,则仍必须在清算后 90 天内提交进一步审查的申请。但是,如果先前针对预期交易的决定请求或内部建议请求发布了对该问题的裁决,则通常会拒绝进一步审查。如果申辩遭拒绝,进口商有权在申辩被拒绝后 180 天内,向美国国际贸易法院提交传票,对此事提起诉讼。法院的规则和其他适用的法规和先例决定了海关诉讼的过程。

虽然在大多数情况下,美国海关和边境保护局在清算时对应纳税状态的决定都是最终决定,但在任何针对清算提出的申辩得到裁定之前,清算并不是最终决定。同样,对申辩作出的行政决定,在抗议方提起的诉讼成为终局判决之前,不作为最终判决。

从货物入境之日起,必须在一年内进行清算,但如需延长一年,则清算总期限不得超过四年。应法规或法院命令的要求,美国海关和边境保护局可暂停对入关物品的清算。暂停将一直持续到问题得到解决。作为交易当事方的进口商、担保公司和报关行将收到延期和暂停通知。

6.2 货币兑换

用于海关事务的外币兑换必须按照《美国法典》第 31 卷 5151 条的规定进行。本条规定,美国海关和边境保护局将使用纽约联邦储备银行确定和认证的汇率。这些经认证的汇率是基于纽约市场的所涉外汇买入汇率确定的。

对于广泛使用的货币,汇率每天都会进行认证。

在每个日历季度的第一个工作日认证的汇率将贯穿整个季度,除非出现 5% 或更大幅度的波动,在这种情况下,将使用这些天当天的实际认证汇率。对于不经常使用的货币,纽约联邦储备银行根据美国海关和边境保护局的要求认证汇率。经认证的费率仅适用于指定的货币和日期。

就美国海关和边境保护局而言,确定适用的认证汇率的日期为货物出口日期。即使在支付货物时可能使用了不同的汇率,依然照此执行。对于特定货物,可从海关和边境保护局港务局长处获得有关适用的兑换货币汇率的信息。

6.3 交易价值

入境申报人有义务以合理的谨慎对进口商品进行估价,并提供任何其他必要信息,使海关和边境保护局官员能够正确评估关税并确定是否满足任何其他适用的法律要求。在此基础上,海关和边境保护局官员负责确定进口商品的价值。经《1979年贸易协定法》修订,《1930 年关税法》的估价规定参见第 402 节。附录中转载了相关部分。

一般来说，所有出口到美国的商品的海关价值将是商品的交易价值。如果不能使用交易价值，则考虑某些辅助参数。按优先顺序列出的价值辅助参数为：

- 相同商品的交易价值。
- 类似商品的交易价值。
- 扣除法计算值。
- 估值法计算值。

如果进口商在提交报关单时以书面形式提出要求，则后两个参数的优先顺序可以颠倒。这些辅助参数将在接下来的两章中讨论。

6.3.1 交易价值的组成

进口商品的交易价值是该商品出口到美国时实际支付或应付的价格，加上以下项目的金额（如果这些项目未包含在价格中）：

- 买方发生的包装费用。
- 买方产生的任何销售佣金。
- 任何辅助物的价值。
- 作为销售条件，买方需要支付的任何版税或许可费。
- 卖方随后转售、处置或使用进口商品所获得的收益。

上述项目的金额仅在实际支付或应付价格中未包含其中，以及有信息可用于确定准确金额的情况下才被添加。如果没有足够的信息，无法确定交易价值，则必须按照优先顺序考虑下一个价值参数进行评估。以下是对这些附加项目的说明。

包装成本包括买方为所有性质的容器和覆盖物以及为准备出口而包装进口商品所使用的劳动力和材料而产生的成本。

买方就进口商品产生的任何销售佣金属于交易价值的一部分。但不包含购买佣金。销售佣金是指支付给卖方代理人的所有佣金，该代理人与制造商或卖方相关或听其命令行事，或为其工作或为其代表。

任何辅助物的分摊价值构成进口商品交易价值的一部分。首先确定辅助物的价值；然后根据进口商品按比例分配价值。

辅助物是指进口商品的买方直接或间接、免费或以较低成本提供的下列物品，用于生产或销售出口到美国的商品。

- 进口商品中包含的材料、部件、零件和类似物品。
- 用于生产进口商品的工具、冲模、铸模和类似物品。
- 生产进口商品所消耗的商品。
- 在美国境外完成的工程、开发、艺术品、设计工作以及平面图和草图。

如果"设计制造"服务或工作属于以下类型，则不计入辅助物：

- 由居住在美国境内的人执行；
- 当此人作为进口商品买方的雇员或代理人时执行，以及
- 作为在美国境内完成的其他工程、开发、艺术品、设计工作以及平面图和草图的附带事项。

以下规则适用于确定辅助物的价值：

- 其价值是：(a)进口商从无关卖方处获得辅助物的成本，或(b)由进口商或与进口商有关的人提供的辅助物的成本。
- 价值包括将辅助物运送到生产地的成本。
- 调整用于生产进口商品的辅助物的价值，以反映使用、修理、修改或影响辅助物价值的其他因素。这类辅助物包括工具、冲模和铸模等。

例如，如果进口商以前使用过该辅助物，无论他是获得还是生产了该辅助工具，则必须降低原始购置成本或生产成本，以反映其使用情况。或者，维修和修改可能导致辅助物的价值上调。

- 如果与商品相关的工程、开发、艺术品、设计工作以及平面图和草图在美国之

外完成,其价值按如下确定:

① 如果该辅助物可在公共领域获取,则为获取辅助物复制品的费用;

② 如果辅助物是由买方从无关人员处购买或租赁的,则为购买或租赁的费用;

③ 如果辅助物是在美国和一个或多个其他国家复制(繁殖)的,则为美国境外的增值。

将尽可能依据买方的商业记录系统确定辅助物的价值,尤其是在美国以外的地方获取的工程、开发、艺术品、设计工作以及平面图和草图等辅助物。

在确定了辅助物的价值之后,下一步就是按比例将辅助产品的价值分配给进口商品。分摊以合理的方式进行,适合当时的情况,并符合公认的会计原则。后者是指在资产与负债及其变更的记录和计量、信息披露和财务报表编制方面,任何公认的共识或实质性权威性支持。

买方必须直接或间接支付的专利权使用费或许可费,作为向美国出口的进口商品的销售条件,将包含在交易价值中。最终,专利权使用费或许可费是否应纳税将取决于买方是否作为销售条件不得不支付了该费用,以及支付给了谁和在什么情况下支付的。应纳税状态将根据具体情况决定。

为获得在美国复制(繁殖)进口货物的权利而产生的费用不应纳税。此权利仅适用于以下类型的商品:

- 艺术或科学作品的原件或副本。
- 模型和工业图纸的原件或副本。
- 模型机和原型。
- 动植物种类。

卖方因随后转售、处置或使用进口商品而直接或间接产生的任何收益都应纳税。如果没有包括在实际支付或应付的价格中,这些收益应叠加在实际支付或应付的价格上。

进口商品实际支付或应付的价格是买方支付给卖方的全部货款,不包括国际运费、保险费和其他到岸价。这种支付可以是直接的或间接的。间接付款的一些例子包括，买方清偿卖方所欠的全部或部分债务，或卖方降低当前进口货物的价格以清偿他欠买方的债务。此类间接付款计为交易价值的一部分。

但是，如果买方以自己的名义开展某个行为，而该行为不属于那些可能包含在交易价值中的行为，则该行为不被视为对卖方的间接付款，也不属于交易价值的一部分。即使买方的行为可能被视为有益于卖方，例如广告，仍适用此规定。

6.3.2　非包含项

交易价值中不包括以下费用：

- 货物从出口国运至美国进口地所产生的运输、保险和相关服务费用、收费或支出。
- 因以下原因产生的任何合理成本或费用：
  ① 进口到美国后，对货物进行建造、架设、组装、维护或提供技术援助，或
  ② 进口后的货物运输。
- 关税和其他联邦税，包括美国卖方通常应承担的任何联邦消费税。

注：上述所列第 1 条（见《美国海关与边境保护条例》第 152 部分）以及第 2、第 3 条中的国外内陆运费和相关费用必须单独列明。

6.3.3　限制

如果不存在某些限制，进口商品的交易价值就是该商品的估价。如果存在这些限制，则交易价值不能用作评估价值，并将考虑下一个价值辅助参数。限制可分为四类：

- 对商品处置或使用的限制。
- 无法确定价值的情况。
- 后续转售、处置或使用商品产生了卖方收益，但交易价值无法对此进行适当调整。
- 交易双方有特殊关联，因此交易价值不可采用。

"可采用"一词是指买卖双方之间的关系不影响实际支付或应付的价格。审查交易发生的情形将有助于做出这一判断。

或者,"可采用"也意味着进口商品的交易价值接近以下测试值之一,前提是这些测试值为与进口商品同时或大约同时出口到美国的商品价值:

- 相同商品或类似商品在美国销售给非关联方买家的交易价值。
- 相同商品或类似商品的扣除法计算值或估算法计算值。

测试值仅用于比较,不构成价值评估的替代基础。在确定交易价值是否接近上述测试价值时,如果涉及的销售在以下方面存在差异,则需进行调整:

- 商业层面。
- 数量层面。
- 成本、佣金、价值、费用和收益叠加到交易价值(支付的价格)中,如果这些费用未包括在价格中。
- 在卖方与买方无特殊关联的销售中发生的费用,而在卖方与买方有特殊关联的销售中不会产生的费用。

如前所述,测试值是检验销售情形的替代方法。如果满足其中一个测试值,则无需检查销售情况以确定买卖双方的关系是否影响价格。

6.4　相同或类似商品的交易价值

当交易价值不能确定时,将尝试用相同商品的交易价值对进口货物进行估价的方法。如果找不到与进口货物相同的商品或该商品不存在可接受的交易价值,则下一个评估方法是采用类似商品的交易价值。在任何一种情况下,所使用的价值都是此前海关曾接受的价值。

相同或类似商品必须在被评估商品出口到美国的同时或大约同时出口到美国。

相同或类似商品的交易价值必须基于相同或类似商品在相同商业水平上的销售,并且与被评估商品的销售数量基本相同,方才适用。如果不存在此类销售,则可以使用不同商业水平或不同数量的销售，或两者都使用，但必须考虑到任何此类差异并进行调整。任何调整都必须基于充分的信息，即这些信息可确保调整的合理性和准确性。

"相同商品"一词是指：

- 在所有方面都与被评估的商品相同。
- 与被评估商品在同一国家生产。
- 由被评估商品的同一生产商生产。

如果找不到满足这三个标准的商品，则满足前两个标准、但生产商不同的产品可被视为相同商品。

注：与被评估商品的外观有细微差异，仍可视为相同商品。

除外：相同商品不包括含有或反映买方免费或以更低成本在美国提供的工程、开发、艺术品、设计作品以及平面图和草图的商品。

"类似商品"一词是指：

- 与被评估商品在同一国家由同一生产商生产。
- 与被评估的商品具有相似特性和组成材料。
- 在商业上可与被评估的商品互换。

如果无法找到符合上述标准的商品，则类似商品是指在同一国家生产，具有相似特性和组成材料，并具备商业互换性的商品，但由不同的生产商生产。

在确定商品是否相似时，需要考虑的因素包括商品的质量、信誉和是否存在商标差异。

除外：相似商品不包括含有或反映免费或以较低成本提供给买方并在美国完成的工程、开发、艺术品、设计作品以及平面图和草图的商品。

可能会出现两种或两种以上均适用的相同或类似商品（如适用）的交易价值，这种情况下，使用最低价值作为进口商品的估价。

6.5　其他参数：扣除法计算值和估算法计算值

6.5.1　扣除法计算值

如果无法确定进口商品、相同商品或类似商品的交易价值，则可依据下一个评估参数——扣除法计算值，除非进口商指定估算法计算值作为首选评估方法。如果选择估算法计算值，但随后确定不存在适用于海关估价的估算法计算值，则估价参数仍然使用扣除法计算值。

基本上，扣除法计算值是进口货物在美国的转售价格，在此基础上扣除某些费用。在讨论扣除法计算值时，使用了"相关商品"一词。该词是指被评估的商品、相同商品或类似商品。一般来说，扣除法计算值的计算方法是从单价开始，然后对单价进行一定的增减。

单价。以下三个价格中的一种可以作为扣除法计算值中的单价，所使用的价格取决于相关商品在美国销售的时间和条件。

（1）时间和条件：商品是在被评估商品进口之日或进口日期前后以进口状态出售。

价格：所使用的价格是在进口之日或进口日期前后相关商品最大销售总量批次的单价。

（2）时间和条件：相关商品是以进口状态出售，但未在被评估商品的进口日期或进口日期前后出售。

价格：所使用的价格是在被评估商品的进口当日之后，但在进口日期后第 90 天结束之前，相关商品最大销售总量批次的单价。

（3）时间和条件：相关商品未按进口状态销售，且未在被评估商品进口之日后第 90 天结束前销售。

价格：所使用的价格是在进口日期后第 180 天之前，被评估商品在进一步加工后出售的最大销售总量批次的单价。

第三种价格也称为"进一步加工价格"或"超推断价格"。

进口商有权要求以进一步加工价格为基础进行扣减。

根据超推断价格法,相关商品未以进口状态出售且未在进口后第 90 天结束前出售,但在进口后第 180 天之前出售。

在这种情况下,在确定扣除法计算值时,必须从单价中扣除与进一步加工产生的价值相等的金额。扣除的金额必须基于与此类工作的成本相关的客观和可量化的数据,以及考虑到该操作产生的任何损坏、损耗或废料。可将公认的行业公式、施工方法和行业惯例等项目用作计算扣除金额的基础。

一般来说,如果进一步加工破坏了货物的特性,则不能使用超推断法。这种情况将根据具体情况决定,原因如下:

- 有时,即使货物的特性遭到破坏,加工增加的价值也可以准确确定,不会给进口商或海关和边境保护局带来额外的困难。
- 在某些情况下,进口货物在加工后仍保持其特性,但仅构成在美国销售货物的一小部分。这种情况下,采用超推断法对进口货物估价是不合理的。

如果相关商品在被评估商品进口之日后第 90 天结束前以进口状态售出,则不能使用超推断法。

增加:相关商品的包装成本,无论是进口商还是买方产生这些费用,如果这些成本未包括在成交价格内,则应增添在用于扣除法计算值的价格中。"包装成本"是指:

- 所有性质的容器和覆盖物,以及
- 用于将商品保持良好状态并包装准备运往美国而产生的包装(无论是人工还是材料)成本。

扣除:某些费用不是扣除法计算值的一部分,必须从单价中扣除。这些费用如下:

- 佣金或利润,以及一般费用。指任何通常支付或同意支付的佣金,或为获取利润和支付一般费用而增加的费用。这些费用往往适用于在美国销售与相关商品属于同一类别或种类的进口商品,无论出口国是哪个国家。
- 运输/保险费用。

① 从出口国到美国的国际货运所产生的运输和保险费用（含实际费用和相关费用），以及

② 在美国国内从进口地到交货地装运此类商品所产生的运输和保险费用（含通常费用和相关费用），前提是这些费用不包括在上述第 1 项下的一般费用中。

- 关税和联邦税。相关商品因进口而应缴纳的关税和其他联邦税，加上美国销售者通常负责的此类商品的联邦消费税或按其价值计算的消费税。

- 进一步加工产生的价值。进口后加工商品所增加的价值，前提是有足够的加工成本信息。只有当第三种单价（超推断价）用作扣除法计算值时，扣除法计算值确定的价格才会减去进一步加工产生的价值。

为了确定进口商品的扣除法计算值，任何出售给为生产或销售出口商品提供过协助的人的销售行为均不纳入考虑。

6.5.2　估算法计算值

评估的下一个参数是估算法计算值。如果不能基于之前讨论的任何价值得出海关估价，则考虑使用计算价值。进口商可以在扣除法计算值之前优先选择估算法计算值作为评估参数。

估算法计算值由以下各项之和组成：

- 用于生产进口商品的材料、制造和其他加工的成本或价值。
- 利润和一般费用。
- 任何辅助物（如果未包括在上述两条中）。
- 包装成本。

材料、制造和其他加工。用于生产进口商品的任何材料、制造和其他加工的成本或价值基于①由生产商或生产商代理所提供的信息，以及②生产者的商业账户，前提是这些账户与货物生产国普遍接受的会计原则一致。

注：如果出口国对材料或材料处置曾征收国内税，但在出口由该材料所制成的商品时退还税款，则国内税金额不包括在该材料成本或价值中。

6.5.3　利润和一般费用

- 该金额由生产商提供的信息确定,并以其商业账户为基础,前提是这些账户符合生产国公认的会计原则。

- 生产者的利润和一般费用,必须与在出口国生产的用于向美国出口的与进口商品相同等级或者种类的商品销售通常反映的利润和一般费用相一致。如果两者不一致,则利润和一般费用的金额计算将基于此类生产商的通常利润和一般费用。

- 利润和一般费用金额作为一个整体计算。

基本上,一个生产商的利润可能很低,而一般费用可能很高,因此总金额与同一类别或种类商品销售中所反映的金额通常一致。在这种情况下,生产商的实际利润数字即使很低,也将被采用,前提是他(她)有正当的商业理由来证明这些数字的合理性,并且定价政策反映了相关行业的通常定价政策。

在估算法计算值中,"同一等级、同一种类的商品"必须与被评估的商品从同一国家进口,并且必须属于某一特定行业或行业部门生产的同一组或一类商品。某些商品是否与其他商品属于同一等级或种类,将根据具体情况来确定。

在确定通常利润和一般费用时,将审查向美国出口的包括正在评价的商品在内的最窄类别或范围的商品的销售情况,前提是可提供必要的信息。

如果用于生产商品的辅助物价值未包括在生产商的材料、制造、其他加工或一般费用中,则辅助物价值将按比例包括在估算法计算值中。重要的是,辅助物的价值不应包括在其他地方,因为在确定估算法计算值时,估算法计算值的任何组成部分都不应重复计算。

注:仅在生产商确实被收取该价值费用的情况下,在美国完成的工程、开发、艺术品、设计工作以及平面图和草图的价值才能包括在估算法计算值中。

用于将商品保持良好状态并包装准备运往美国而产生的所有容器和覆盖物(任何性质)成本以及包装(无论是人工还是材料)成本,都包含在估算法计算值中。

6.5.4　无法用其他参数确定的价值

如果前五种价值(交易价值、相同商品的交易价值、类似商品的交易价值、扣除法计算值和估算法计算值)参数都不能用于评估进口商品,则必须在前五种方法之一得出的价值基础上,根据需要进行合理调整得出海关估价。如此确定的值应尽可能以前五种参数确定的值为基础。以下为一些如何合理调整前五种方法的示例:

相同商品(或类似商品):

(1)可以灵活解释相同商品(或类似商品)应与被评估商品同时或大约同时出口的要求。

(2)在被评估商品出口国以外的国家生产的相同进口商品(或类似进口商品)可以作为海关估价的依据。

(3)可以使用根据扣除法计算值和估算法计算值已确定的相同进口商品(或类似进口商品)的海关价值。

推断法:可以灵活执行 90 天的要求[参见《美国联邦法规》第 19 卷 152 条 107(c)款]。

6.6　原产地规则

进口到美国关税区的商品原产地会影响关税税率、特殊计划的享受权利、是否允许进口、进口配额、反倾销或反补贴税、政府机构采购和标记要求。为了确定产品的原产地,进口商应参考适用的原产地规则。

原产地规则有两种基本类型:非优惠和优惠。非优惠规则一般适用于没有双边或多边贸易协定的情况。优惠规则运用于确定商品在各种贸易协定或特殊立法(如《普遍优惠制》《北美自由贸易协定》或《非洲增长与机遇法案》)下获得特别待遇的资格。纺织品和服装制品也有原产地规则;这些都由法令规定。

关于这些规则的更详细的讨论可以在出版物《贸易界每个成员都应了解:原产地规则》和《贸易界每个成员都应了解:纺织品和服装原产地规则》中找到,这些出版物可在美国海关和边境保护局电子公告栏及其网站 www.cbp.gov 上查阅。

第₇章

标　记

7.1　原产地标记

　　美国海关法规要求在国外生产和进口到美国的每件物品上标明原产地的英文名称，以向美国的最终购买者说明该物品的生产地。这些法律还要求在物品性质允许的情况下，标记应放置在显眼的地方，并应清晰、耐磨、永久。被特别豁免单独标记的物品属于本规则的例外情况。下文将讨论这些例外情况。

7.1.1　标记要求

　　如果物品（或其容器，当容器而不是物品必须被标记时）在进口时没有被适当标记，将征收相当于物品完税价格 10% 的标记关税，除非物品在进口清算前在海关和边境保护局监督下被出口、销毁或正确标记。

　　虽然不能在每一笔交易中确定最终购买人，但广义地说，"最终购买人"可定义为最后一个在美国以进口形式接收物品的人。一般来说，当一件物品进口到美国并用于制造另一件与进口物品具有不同名称、特征或用途的物品时，制造商是最终购买者。如果一件商品以进口时的形式进行零售，则零售客户是最终购买者。将进口物品置于导致物品发生实质性转变的过程中的人是最终购买者，但如果该过程导致的只是轻微变化，且进口物品的特性保持不变，则该物品的加工者将不会被视为最终购买者。

　　当一件物品或其容器被要求标明原产地时，如果该标记将保留在该物品或容器上直至到达最终购买方，则该标记被认为足够永久。

　　通常进口物品在进口后会与另一物品组合，然后再交付给最终购买人，当进口物品的原产地所在地在组合后依然可见时,除原产地标记外,还必须包括文字或者明显标志表明该原产地标记只适用进口物品部分,而不适用于与之组合的其他物品部分。例如,如果有原产地标记的瓶子、圆桶或其他容器进口时是空的,以便在美国进行填充,则应在这些容器上标记"瓶子(或圆桶或容器)制造于(国家名称)"。标签和类似物品的原产地标记应确保使该物品在粘贴到该国的另一物品上后依然可见,并应使用其他描述性文字进行说明,如"标签制造(或印刷)于(国家名称)",或具有同等含义的文字。

如果"美利坚合众国"或"美国"或"USA"等字或字母的任何变化形式,或美国任何城市或地区的名称,或任何其他国家或地区的名称,出现在进口物品或容器上,而这些物品和容器并非在这些国家和城市生产或制造,则这些文字、字母或名称可能误导或欺骗最终购买人关于物品实际原产地的信息。因此,也应在这些文字、字母或名称附近以清晰、永久的方式显示该物品或容器原产地的名称。在原产地名称前应加上"made in"(制造于)、"product of"(生产于)或其他含义相似的词。

如果在美国海关和边境保护局监管放行后要重新包装有标记的物品,进口商必须在入境时证明,如果重新包装物品,他们不会模糊物品上的正确标记,或者他们将在新包装的容器上重新标记。如果进口商不重新包装,而是转售给重新包装商,进口商必须通知重新包装商有关标记要求。不遵守这些认证要求可能会使进口商受到处罚和/或支付附加关税。

7.1.2 不做标记要求

下列物品和物品类别或种类无需标记原产地,即它们生长、制造或生产的国家。但是,这些物品到达美国最终购买者处时,通常最外层包装容器必须标记物品原产地的英文名称。

- 艺术作品
- 《美国协调关税表》子目 9810.00.15、9810.00.25、9810.00.40 和 9810.00.45 所列的物品
- 被视作古董进口,但因发现是赝品而被拒绝入境的物品
- 废弃的包装袋
- 黄麻袋

- 钢带
- 散珠
- 直径小于等于 5/8 英寸的滚珠轴承
- 待镀金属坯料
- 鸭舌帽帽体
- 螺栓、螺母和垫圈
- 石南科植物之根（以块为单位）
- 型煤、煤或焦炭
- 1 英寸以下的搭扣
- 粗麻布
- 按钮
- 游戏卡片
- 片状、带状或条状的玻璃纸和赛璐珞
- 以胶囊、药丸、药片、含片或药筒形式进口的化学品、药物、医药品和类似物质
- 雪茄和香烟
- 吸管水杯的盖子
- 未安装的金刚石线模具
- 木钉
- 剧院特效用具
- 鸡蛋
- 羽毛
- 木柴
- 地板（除刨平、榫舌和凹槽外，不得进一步加工）
- 人造花（不包含花束）
- 切花
- 切割成一定形状和尺寸的玻璃（用于钟表、手、口袋和钱包镜），以及其他形状和尺寸相似的玻璃（不包括透镜或手表晶体）
- 家具脚垫（除了有尖齿的脚垫）
- 发网
- 生皮

- 鱼钩（除网纹鱼钩）

- 用在桶上的木箍

- 木板条

- 牲畜

- 木材（除成品外）

- 锯材

- 除混凝土钢筋、钢坯、砌块、大方坯、铸块、生铁块、板材、薄板（镀锌钢板除外）、轴系、板坯和类似形式的金属以外的金属棒材

- 除切割或冲压成一定的尺寸、形状或形式外未经进一步加工的云母

- 纪念碑

- 铁钉、长钉和 U 形钉

- 天然产品，如蔬菜、水果、坚果、浆果以及活的或死的动物、鱼类和鸟类（所有上述各项均处于自然状态，或除安全运输所必需的处理外没有任何进一步处理）

- 线织瓶网

- 新闻纸

- 蜡纸

- 股票纸

- 羊皮纸和牛皮纸

- 用于从同一国家进口的机器的零件

- 尖桩（木头）

- 调音钉

- 植物、灌木和其他苗木

- 带绳孔塞

- 竹竿

- 栅栏桩子（木头）

- 纸浆木材

- 碎布（包括擦布）

- 钢轨、连接杆和钢垫板

- 缎带

- 铆钉
- 绳索（包括钢丝绳、纤维绳、细绳、合股线绳、缝纫细线、纺线）
- 废金属和废料
- 螺钉
- 轨道垫片
- 除红雪松以外的成捆的木瓦
- 熟（毛）皮或染色（毛）皮
- 生（毛）皮
- 海绵
- 手表发条
- 邮票和印花税票，以及政府盖章的信封和除官方印记外无其他印刷图案的明信片
- 木桶板条（木头）
- 钢箍
- 枫糖
- 铁轨枕木
- 瓷砖（最大尺寸不超过一英寸）
- 锯木
- 笔尖
- 笔杆
- 圣诞树
- 成套的分析砝码和精密砝码
- 蜡烛芯
- 铁丝网（带刺的除外）

　　除非运往美国的物品在上述清单中明确列出，否则出口商最好在得出免除标记的结论之前，向美国海关和边境保护局征求意见。如果上述清单上的物品在美国重新包装，则新包装必须贴上标签，以表明其所含物品的原产地。进口商必须在入境时证明，如果他们重新包装，他们将在重新打包的容器上进行正确标记。如果他们不进行包装，但转售给包装商，他们必须通知包装商这些标记要求。如果不遵守这

些认证要求,进口商可能会受到处罚和被征收标记关税。

7.1.3 其他例外

下列物品类别亦不受原产地标记规限。(装运下列进口物品的常用集装箱亦不作标记。)

- 进口供进口人使用的物品,不以进口或者其他形式销售。
- 由进口商在美国加工的物品,或为进口商本人加工的物品,而不是为了隐瞒物品的原产地,加工方式导致原产地标志被清除、销毁或永久隐藏。
- 由于该物品的特性或其进口情况,在美国的最终购买者必须不可避免地知道原产地的商品,即使商品上没有标明原产地。这种豁免最常见的应用是美国的最终购买者和国外供应商之间的合同确保订单将只包含在指定国家种植、制造或生产的物品。

下列类别的物品也可免于标记原产地:

- 无法标记的物品。
- 因标记会损伤商品故而在运往美国之前无法做标记的物品。
- 因为标记导致进口成本过高故而在运往美国之前不能标记的物品。
- 集装箱上的标记将合理地表明其原产地的物品。
- 天然的物质。
- 在进口美国前 20 多年前生产的物品。
- 为立即出口或运输出口而进出库的物品。

虽然物品本身免除原产地标记,但通常到达美国最终购买者处的最外层装货箱必须标记以显示物品的原产地。

在物品的装货箱上作标记,合理地表明其原产地时,该物品本身可以不作原产地标记。此项豁免只适用于物品在未开封的容器中到达最终购买者的情况。例如,用密封容器运送到零售采购商处的物品,清楚地标明原产地,属于这一豁免情况。建筑商或制造商用于建筑或制造的材料,在未开封的情况下接收材料的,也属于豁免范围。下列物品及其货箱不受原产地标记的限制：

- 美国渔业免关税产品。

- 美国属地的产品。

- 出口退货的美国产品。

- 价值不超过 200 美元无须经报关通过的物品（或价值不超过 100 美元的礼物）。

在《北美自由贸易协定》国家加工的货物受特殊原产地标记规则的约束，这些规则可在《美国联邦法规》第 19 卷 102 部分中找到。这些规则的概述可在网站 http://www.cbp.gov 上的《北美自由贸易协定：海关程序指南》中找到。

7.2 特殊标记要求

原产地标记与其他机构在特定产品上要求的任何特殊标记或标签分开并分别标注。对于任何特殊的标记或标签要求，建议联系特定机构。

某些物品须符合特殊原产地标记要求：钢铁管道及管件；人孔环、框架或盖；且压缩气瓶一般必须用以下四种方法之一进行标记：印模、铸模刻字、蚀刻（酸或电解）或雕刻。此外，上述标记的例外情况均不适用于钢铁管道和管件。

下列物品及其部件应在物品的显眼位置通过模压、模内浇铸、蚀刻（酸或电解）、雕刻、或将带有规定标记的金属板通过焊接、螺钉或铆钉固定等方式清楚而醒目地标明其原产地：

刀、大剪刀、剪切机、安全剃刀、手术器械、科学和实验室仪器、镊子、钳子和真空容器。

手表机芯需要在一个或多个支架或顶板上标记，以显示：

（1）制造国名称；

（2）制造商或买方的名称，以及

（3）用文字形式标明作为摩擦轴承的机械用途的宝石数量（如有）。

时钟机芯应标记在前板或后板最明显的位置，以显示：

（1）制造国名称；

（2）制造商或买方的名称，以及

（3）宝石的数量（如有）。

表壳应标记在后盖的内侧或外侧，以显示：

（1）制造国的名称，以及

（2）制造商或买方的名称。

钟壳和《美国协调关税表》第 91 章规定的其他外壳，必须标记在背面最显眼的地方，以显示制造国的名称。

术语"手表机芯"和"时钟机芯"指的是由摆轮和细弹簧、石英晶体或任何其他能够确定时间间隔的系统调节的装置，该装置具有可以与机械显示屏相组合的屏幕或系统。"手表机芯"包括厚度不超过 12 毫米，宽度、长度或直径不超过 50 毫米的装置；"时钟机芯"包括不符合手表机芯尺寸规格的装置。术语"外壳"包括内外壳、容器及遮盖物，用以装置机芯以及零件或部件，例如但不限于环、脚、柱、底座和外框，以及任何辅助或附带部分，这些部分（通过适当的组装）用于组成手表、时钟、定时开关和其他《美国协调关税表》第 91 章规定的装置。

根据第 91 章特殊标记要求进行标记的物品，必须用切割、开模、雕刻、冲压或者模具标识等方式明显地、不褪色地进行标识。标记必须完全符合这些要求才被允许入境。

仅使用光电显示屏的机芯和专为此用途设计的外壳，无论作为单独物品或作为组装手表或钟表的部件输入，均不受特殊标记要求的约束。这些物品只需按照《美国法典》第 19 卷 1304 条的标记要求进行标记。

上述任何产品的零部件，不适用上述条例。

除上述特殊标记要求外，所有外国原产手表必须符合通常的原产地标记要求。美国海关和边境保护局认为手表的原产地应为手表机芯的制造国。该国的名字应出现在表壳背面或表盘上。

2000 年《关税暂停与贸易法》（《公法》106 - 476）第 4 章，又称《2000 年进口卷烟合规法》，对进口卷烟和其他烟草产品提出了特殊要求。香烟或其他烟草产品的进口商应联系其商品将抵达的美国入境口岸，了解有关新要求的信息。

7.3　标记——假压痕

《1946 年商标法》第 42 节（《美国法典》第 15 卷 1124 条）规定，除满足其他规定外,任何外国原产进口物品,如带有旨在诱使公众相信其是在美国制造或在其实际制造地以外的任何国家或地方制造的名称或标记,均不得进入美国的任何海关。

在许多情况下,出现在外国原产进口物品或其集装箱上的"美国"一词、字母"USA"或美国任何城市或地方的名称,都被认为是为了诱使公众相信该物品是在美国制造的,除非原产地的名称标志出现在离该美国地名标识非常接近的地方。

如果在有条件放行后发现商品缺少所需的原产地标记,可要求将其重新交付给美国海关和边境保护局监管。如果未能及时交付,可根据美国海关和边境保护局规定的保证金估算违约赔偿金。(见《美国联邦法规》第 19 章 141.113[a]条;参见《美国联邦法规》第 19 章第 172 部分和美国海关和边境保护局表格 4647。)

带有《商标法》第 42 节禁止的名称或标志的进口物品将被没收。但是,在最终处置物品前,进口商提交申请后,海关和边境保护局港务局长可在以下条件下放行:移除或删除禁止标记,或正确标记物品和容器;或港务局长可允许在海关和边境保护局的监督下出口或销毁该物品,而无需向政府支付费用。

《1946 年商标法》第 43 节(《美国法典》第 15 卷 1125 条)禁止输入标有或贴有虚假原产地标识或虚假描述或图示的货物,包括具有虚假描述或图示倾向的文字或其他符号。从海关和边境保护局的监管下放行后,故意移去、删除、覆盖或更改所需的原产地标记也是一种犯罪,可处以罚款和监禁(《美国法典》第 19 卷 1304[l]条)。

7.4 用户费用

美国海关和边境保护局根据《1985 年综合预算调节法》确定用户费用。1986 年,这项立法扩大到包括商品加工费。同样在 1986 年,国会颁布了《水资源开发法》,授权美国海关和边境保护局为陆军工程兵团收取港口维护费。此后立法将用户收费计划延长至 2003 年。

商品手续费(MPF)为正式进口商品(一般指价值超过 2 000 美元的进口商品)0.21%的从价税,但每项最低费用为 25 美元,每项最高费用为 485 美元。对于非正式进口商品(价值低于 2 000 美元的进口商品),商品手续费为:自动进口:2 美元;非美国海关和边境保护局准备材料的人工进口办理:6 美元;美国海关和边境保护局准备材料的人工进口办理:9 美元。

自 1994 年 1 月 1 日起,直接从加拿大进口的符合《北美自由贸易协定》要求并标记为原产于加拿大的货物可免于商品手续费。此规定适用于所有类型商品手续费：正式的、非正式的、手工准备的或自动化的。不符合《北美自由贸易协定》规定的货物应支付所有适用的商品手续费。

同样，自 1999 年 6 月 30 日起，从墨西哥直接进口的货物，如果符合《北美自由贸易协定》的要求，则被标记为原产于墨西哥的货物无需支付商品手续费。

港口维护费是对进口、进入外贸区、国内运输和客运相关的港口使用而征收的从价费用。该费用仅在受益于陆军工兵部队用于维护和改善港口贸易区的资金支出的港口进行征收。费用为货物价值的 0.125％，按季度支付，进口货物除外，进口货物在进口时支付。海关和边境保护局将收取的港口维护费存入港口维护信托基金。这些资金根据拨款提供给陆军工程兵团，用于改进和维护美国港口。

第8章

特 殊 要 求

8.1 禁令、限制及其他机构要求

为了保护美国的经济和安全,为了保障消费者的健康和福祉,为了保护国内动植物的生命,某些类别的商品可能被禁止或限制进口。一些商品还受到进口配额或双边贸易协定和约定的限制。

除了美国海关和边境保护局要求外,许多商品的进口还受与美国海关和边境保护局合作的其他美国政府机构所执行的法律和法规的禁止和限制。例如,这些法律法规可能禁止商品入境;将进口限制在某些港口;对路线、存储或使用进行限定;或要求以处理、标记或加工作为放行条件。只有满足这些不同的附加条件时,美国海关和边境保护局才会放行。这适用于所有类型的进口货物,包括邮寄进口货物和放置在对外贸易区的进口货物。

外国出口商应确保向美国进口商提供了适当的信息,以便进口商能够:

- 提交有关包装、标签等必要信息;并且
- 为商品进入美国做出必要的安排。

虽然列出每一种特定物品是不切实际的,但是,本章详述了多种类型的物品。外国出口商和美国进口商应向上述机构咨询详细信息和指导,以及有关管理这些商品的法律法规的任何变化。附录中列出了这些机构的地址、电话号码和网站。

8.1.1　农产品

1. 奶酪、牛奶和乳制品

奶酪和奶酪产品应符合食品药品监督管理局和农业部（USDA）的要求。大多数奶酪进口都需要进口许可证，并受农业部对外农业服务局（华盛顿特区 20250）的配额管理。

牛奶和奶油的进口应符合《食品、药品和化妆品法》和《进口牛奶法》的要求。这些产品只能由从农业部以及以下部门获得许可证的持有人进口：

Department of Health and Human Services Food and Drug Administration

Center for Food Safety and Applied Nutrition Office of Food Labeling (HFS‐156)

200 "C" Street, NW Washington, DC 20204

2. 水果、蔬菜和坚果

某些农产品，包括下文所列产品必须满足美国有关等级、尺寸、质量和成熟度的进口要求（《美国法典》第 7 卷 608［E］条）。这些商品必须经受检验；必须由美国农业部的食品安全和检验局签发检验证书，以表明符合进口要求。可向美国农业部农业营销服务局（华盛顿特区，20250）询问一般要求。美国农业部动植物卫生检验局（华盛顿特区 20782）可依据《植物检疫法》，美国食品药品监督管理局进口业务和政策处（HFC‐170）（马里兰州洛克维尔市渔民巷 5600 号，邮编 20857）可根据《美国食品、药品和化妆品法案》，对进口农产品实施附加的限制。

新鲜番茄	黄瓜
鳄梨	茄子
芒果	干洋葱
酸橙	枣制品
橘子	梅干
葡萄柚	核桃和榛子
青椒	葡萄干
爱尔兰土豆	罐装橄榄

3. 昆虫

根据农业部长规定的条例,除科学目的外,禁止进口对种植作物(包括蔬菜、大田作物、灌木果实和果园、森林或遮阴树)有害的活态昆虫及其卵、蛹或幼虫。

所有含有对农作物或树木无害的活昆虫或其卵、蛹或幼虫的包装,只有在下列情况下才允许进入美国:

- 持有农业部动植物卫生检验局颁发的许可证,以及
- 不受美国鱼类和野生动物管理局禁止。

4. 牲畜和动物

进口下列物品必须符合动植物卫生检验局(APHIS)的检验检疫要求:

- 所有偶蹄类动物(反刍动物),如牛、绵羊、鹿、羚羊、骆驼、长颈鹿;
- 猪,包括各种野猪和这些动物的肉;
- 马、驴、骡和斑马;
- 所有鸟类,包括家禽和宠物鸟;
- 动物产品,如未鞣制的兽皮、羊毛、毛发、骨骼、骨粉、血粉、动物外壳、腺体、器官、反刍动物和猪的提取物或分泌物(如果动物产品用于食品、药物或化妆品,也由食品药品监督管理局监管);
- 动物种质,包括胚胎和精液;以及
- 干草和稻草。

从原产地装运前,必须从动植物卫生检验局获得进口许可证。

此外,所有进口动物必须附有兽医健康证明书。来自墨西哥和加拿大的牲畜和动物(来自墨西哥的鸟类除外)的入境程序不如来自其他国家的动物严格。动物的入境仅限于指定为检疫站的特定口岸。所有非家养的动物必须符合鱼类和野生动物管理局的要求。

5. 肉、禽、蛋制品

注:美国农业部禁止从发现 H5N1 型高致病性禽流感病毒的国家进口家禽和未经加工的家禽产品。此列表可在美国疾病控制中心网站 www.cdc.gov 上找到。

所有进口活禽必须在美国农业部检疫机构检疫 30 天,并在入境前检测禽流感病毒。这一要求也适用于从受 H5N1 高致病性禽流感影响国家返回的原产于美国的宠物鸟。

来自受 H5N1 影响国家的加工货物有可能可以进入美国,但入境需要动植物卫生检验局(APHIS)兽医许可证并证明已采取特定的风险缓解措施来消除疾病。

所有要求进入美国的肉类和肉类食品(来源于牛、羊、猪、山羊和马)的商业货物都要遵守美国农业部的规定,并且必须由美国农业部的食品安全和检验局和美国海关和边境保护局农业项目和联络办公室进行检验。

其他来源(包括但不限于野生动物)的肉制品受动植物卫生检验局法规的约束;受由食品药品监督管理局执行的《联邦食品、药品和化妆品法案》的约束;并受美国鱼类和野生动物管理局管制。家禽(活的、去脏的或罐装的)、鸡蛋(包括孵化用的鸡蛋)、蛋制品应符合农业部动植物卫生检验局和食品安全和检验局的要求和规定。

术语"家禽"定义为任何活的或宰杀的家养禽类,例如:

- 鸡
- 鸠鸽
- 鸭子
- 非迁徙类鸭类
- 鹅
- 珍珠鸡

- 鹧鸪
- 孔雀
- 乳鸽
- 天鹅
- 火鸡

其他鸟类,例如:

- 商用、家养或圈养松鸡
- 野鸡
- 鹌鹑
- 候鸟,以及
- 某些蛋制品

也要遵守美国农业部的贸易禁令。当这些禁令被取消时,上述禽类将受到动植物卫生检验局法规和由食品药品监督管理局强制执行的《联邦食品、药品和化妆品法案》的规定的约束。进口商还须向鱼类和野生动物管理局(华盛顿特区 20240)咨询他们的要求、限制和禁令。

所有进口肉类、家禽和蛋制品必须附有原产地的检验证书。这些证书必须注明：

- 产品名称；
- 机构编号；
- 原产地；
- 制造商或经销商的名称和地址；
- 内容物的数量和重量；
- 配料表；
- 衍生产品的来源动物种类；
- 识别标记。

证书必须盖有负责检查的政府机构的公章和机构官员的签名。本证书必须同时使用英语和原产地的语言。

食品安全和检验服务机构检查员将在抵达美国入境港后重新检查所有肉类和家禽。通过复验的货物被允许进入美国进行交易，并被视为国内产品。除加拿大以外的所有国家的货物都印有美国农业部的官方检验标志。加拿大货物带有加拿大检验标志和出口印章。在完成复检前，肉类和家禽货物仍存于关栈，并须接受海关的召回。

6. 植物和植物产品

植物和植物产品的进口应遵守农业部的规定，并可能受到限制或禁止。植物和植物产品包括：

- 水果；
- 蔬菜；
- 植物；
- 苗木；

- 鳞茎；

- 根；

- 种子；

- 某些植物纤维，包括棉花和高粱；

- 鲜切花；

- 甘蔗；

- 某些谷物；

- 榆树原木，以及

- 带树皮的榆木。

以上产品需要进口许可证。进一步的信息可从动植物卫生检验局获取。此外，某些濒危植物进口可能被禁止或需要许可证或证书。食品药品监督管理局还监管植物和植物产品，特别是水果和蔬菜。

7. 种子

1939 年《联邦种子法》以及农业部农业营销服务局管理条例监管进口至美国的农作物和蔬菜种子的进口和筛选。在提取和测试样品之前，货物不得放行。

8. 木质包装材料

2005 年 9 月 16 日，美国海关和边境保护局开始执行美国农业部和动植物卫生检验局对木质包装材料的进口规定。该规则要求对木质包装材料，如：

- 托盘；

- 板条箱；

- 盒子，以及

- 用于支撑或加固货物的衬垫。

进行处理和标记。如有不符，木质包装材料将随所附货物立即出口。经批准的木质包装材料处理方法如下：

- 热处理至最低木心温度 56℃至少 30 分钟，或

- 溴甲烷熏蒸。

为证明已作处理,木质包装材料必须标有以下国际植物保护公约(IPPC)标志。不接受纸质处理证明。

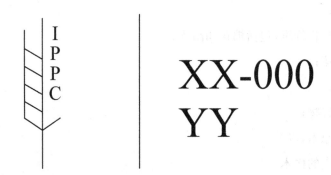

XX represents the ISO country code.
000 represents the unique number assigned by the nationah plant protection organization.
YY represents either HT for heat treatment or MB for methyl bromide fumigation.

欲了解更多信息,请访问动植物卫生检验局网站 www. aphis. usda. gov。

9. 烟草相关产品

进口商业数量烟草制品的进口商必须取得财政部烟酒税收贸易管理局(TTB)的进口许可证。1986年《国内税收法》(《美国法典》第26卷)第52章将烟草产品定义为:

- 雪茄;
- 香烟;
- 无烟烟草(鼻烟和咀嚼烟草);
- 烟斗烟草;
- 自卷烟草。

进口到美国的烟草制品、卷烟纸和烟管须根据《国内税收法》缴纳联邦消费税,除非它们符合《美国协调关税表》规定的免税条件。例如,烟草制品和卷烟纸及烟管在《美国协调关税表》规定的数量限制内由返回居民带来时免税。根据《国内税收法》第5704条,进口烟草制品、卷烟纸和烟管可以保税方式转让给烟草产品制造商的保税场所或出口仓库经营者。

烟酒税收贸易管理局法规(《美国联邦法规》第27卷第41部分)要求销售或交

付给消费者的烟草产品应装在包装中,包装应牢固地固定住产品并带有特定的产品说明通知。这些包装可能还必须附有联邦贸易委员会(华盛顿特区,20580)法律所要求的健康相关通知。

在美国制造并仅贴上出口标签的烟草制品只能按照《美国法典》第 26 卷 5754 条和 5704 条进口到美国。

有关进口烟草制品和卷烟纸及烟管的信息,请访问烟酒税收贸易管理局网站 www.ttb.gov,或致电 1.877.882.3277。

8.1.2 武器、弹药和放射性材料

10. 武器、弹药、爆炸物和战争工具

禁止进口此类物品,除非司法部酒精、烟草、枪支和爆炸物管理局(华盛顿特区,20226)颁发了许可证,电话:202.927.8320,或者进口符合该部门的规定。

进口枪支和弹药须缴纳《1986 年国内税收法》第 32 章(《美国法典》第 26 卷 4181 条)规定的消费税。财政部烟酒税收贸易管理局负责管理这项消费税。有关税收的信息,请访问烟酒税收贸易管理局网站 www.ttb.gov,或致电 1.877.882.3277。

禁止临时进口、过境运输和出口《美国联邦法规》第 22 卷第 121 部分中列出的美国军需品清单上的武器和弹药,除非国务院国防贸易管制局(华盛顿特区,20520)颁发许可证,或属于《美国联邦法规》第 22 卷 123 条第 4 款及《美国联邦法规》第 22 卷其他部分所述的许可证豁免情况。有关出口猎枪的问题,请咨询:

U.S. Department of Commerce

Exporter Assistance Staff

Washington, DC 20230

11. 放射性材料和核反应堆

许多放射性同位素,所有形式的铀、钍和钚,以及所有进口到美国的核反应堆,除了应遵守核管理委员会条例外,还须遵守美国政府任何其他机构实施的进口条例。进口这些商品或含有这些商品的物品,须获得核管理委员会(华盛顿特区 20555)的授权许可。(参考《美国联邦法规》第 10 卷第 110 部分)

用于医疗用途的放射性同位素和放射源进口应遵守《美国法典》第 19 卷 1618A

条和《联邦食品、药品和化妆品法》的规定，由食品药品监督管理局执行。

为了遵守核管理委员会的要求，进口商必须了解核管理委员会管理下的任何放射性同位素或铀、钍和钚的特性和数量，以及任何进口到美国的核反应堆的特性和数量。进口商必须向美国海关和边境保护局（CBP）证明，受管制商品是根据哪项核监管委员会权限进口的。所称权限，可以是具体许可证或者一般许可证的编号，也可以是核管理委员会法规中设立一般许可证或者准予对这些规则豁免的具体条款。外国出口商可向进口商提供有关美国进口中受核管理委员管制商品的完整信息，从而为即将办理进口的进口商节省时间。

8.1.3 消费品——节能

12. 家用电器

经修订的《能源政策和节约法条款》要求对某些主要家用电器制定能源标准，并对这些电器贴上标签，以表明预期的能源消耗或能源效率。美国能源部规范和标准办公室（华盛顿特区 20585）负责测试程序和能源性能标准。联邦贸易委员会执法处（华盛顿特区 20580）规范这些电器的标签。

该法案涵盖以下家用电器：

- 冰箱、冷藏—冷冻箱、冷冻柜；
- 房间空调；
- 中央空调和中央空调热泵；
- 热水器；
- 电炉；
- 洗碗机；
- 洗衣机；
- 干衣机；
- 直接加热设备；
- 厨房炉灶和烤箱；
- 泳池加热器；
- 荧光灯镇流器。

13. 商业和工业设备

《1992 年能源政策法》(EPACT)要求某些商业和工业设备符合能源性能标准。美国能源部规范和标准办公室(华盛顿特区 20585)负责测试程序和能源性能标准。《能源政策法》涵盖以下设备:

- 大型、小型商用成套空调采暖设备;
- 成套终端空调和热泵;
- 热风炉;
- 成套锅炉;
- 储水加热器;
- 瞬时热水器;
- 无火热水储水箱;
- 大型电动机(1~200 马力),可单独装运或作为大型组装的一部分;
- 4 英尺中型双针、2 英尺 U 形、8 英尺细线条和 8 英尺高输出荧光灯;
- 白炽反射灯。

《能源政策法》还要求以下管道产品符合节水标准:

- 卫生间水龙头;
- 厕所替代曝气装置;
- 厨房水龙头;
- 厨房替代水龙头;
- 计量水龙头;
- 重力罐式座便器;
- 冲洗水箱式座便器;
- 机电式液压座便器;
- 冲击式座便器,以及
- 小便器。

这些产品的进口必须符合能源部和联邦贸易委员会的相关要求。进口商应联系这些机构,了解预期装运时有哪些生效的要求。请注意,并非所有电器都涵盖在这两个机构的要求中。

8.1.4 消费品——安全

如果产品不符合相关的产品安全标准或法规、既定的标签或认证要求,或被确定存在重大产品危害,则任何拟进口的消费品将被拒绝进口和(或)扣押。美国消费品安全委员会(CPSC)(华盛顿特区 20207),负责管理这些要求。

14. 玩具和儿童用品

玩具和其他儿童用品必须符合《联邦有害物质法》颁布的适用法规,否则不得进口到美国。消费品安全委员会的规定还包括用于界定玩具和其他儿童物品上的危险锋利边缘和尖端的测试。

供 3 岁以下儿童使用的玩具或其他物品不能有可能导致窒息的小部件。

《儿童安全保护法》(《联邦有害物质法》修正案)及其实施条例要求,当为 3 至 6 岁儿童设计的玩具和游戏含有可能导致窒息危险的小部件时,这些玩具或游戏上须贴上警告标签。类似的规定也适用于气球、小球(禁止三岁以下儿童使用小球)和弹珠。电动玩具、拨浪鼓、奶嘴和婴儿床应遵守特定的安全规定。禁止进口草坪飞镖。

15. 油漆中的铅

如果供消费者使用的油漆和其他类似表面涂层材料的含铅量超过干燥涂料膜重量的 0.06%,则禁止使用。这一禁令也适用于油漆含铅量超过 0.06% 的家具,以及油漆含铅量超过 0.06% 的玩具或其他儿童用品。

此类产品被禁止进口至美国。尽管这一禁令适用于"表面涂料",但根据《联邦有害物质法》,如果其他含铅产品的铅含量导致严重的伤害或疾病风险,美国消费品安全委员会可以根据《联邦有害物质法》采取行动。

16. 自行车和自行车头盔

进口自行车必须符合《联邦有害物质法》颁布的法规。美国消费品安全委员会还制定了自行车头盔的强制性安全标准;除非这些头盔符合美国消费品安全委员会自行车头盔安全标准并附有合格证书,否则不允许进口。

17. 烟花

《联邦有害物质法》颁布的烟花法规规定了供消费者使用的烟花的标签要求和技术规范。

禁止向消费者提供像樱桃炸弹和 M - 80 类型的大型烟花。大型可重新装填的迫击炮弹烟花也被禁止。大型多管地雷式和炮弹式烟花爆竹有特殊要求,防止倾倒。不符合这些要求的烟花不能进口到美国。

18. 易燃织物

任何衣着服装、织物或室内陈设物品,如果不符合《易燃织物法》颁布的可燃性标准,则不得进口到美国。这些易燃性标准包括以下物品:

- 一般穿着服装;

- 儿童睡衣;

- 床垫;

- 床垫褥,包括日式蒲垫;

- 地毯。

根据法案第 11(C) 节的规定,某些产品可以进口到美国,以完成或加工这些产品,使这些产品不再高度易燃,从而减少个人穿戴时的危险。在这种情况下,出口商必须在发票或其他与装运有关的单据上说明该情况。

19. 艺术材料

不符合《1988 年危险艺术材料标签法》(LHAMA)规定的艺术材料被禁止进口到美国。《危险艺术材料标签法》要求毒理学家审查艺术材料是否可能产生有害健康的影响。除《联邦有害物质法》要求的任何警示标签外,艺术材料必须具有适当的慢性危害警告。

《危险艺术材料标签法》将一个自愿性质的标准,即 ASTMD - 4236,经修改后,颁布为《联邦有害物质法》第 3(B) 节的强制性规定。本标准还要求,无论产品是否带有长期警告声明,艺术品材料均应带有或贴有标签,表明其已按照本标准进行了审查。

20. 打火机

一次性打火机和非常规式打火机必须符合儿童安全标准,否则不得进入美国;本标准根据《消费品安全法》发布。所有不可再填充的打火机和价值低于 225 美元(2008 年可能发生变化)且使用气体作为燃料的可再填充打火机均被视为"一次性打火机",并包含在本标准中。

使用任何类型燃料的打火机,如使用具有娱乐性音频或视频效果、或描绘为通常被认为是五岁以下儿童使用的物品,均属非常规式打火机。制造商和进口商必须测试打火机,做好记录,并将结果报告给消费品安全委员会。制造商、私营贴标商或进口商向分销商或零售商交付产品时,产品的每个运输单元都必须附带一份合格证书,或者以另一种方式将合格证书提供给分销商或零售商。

21. 多用途打火机

多用途打火机,也称为烤架打火机、壁炉打火机、设备点火机、微型火炬或气体火柴,是一种使用燃料(小于10盎司)的火焰制造设备,包含一个点火装置。消费者使用它来点燃蜡烛、壁炉燃料、木炭或燃气烤架、营火、野营炉、灯笼、燃料燃烧设备或装置、指示灯,或者用于锡焊或铜焊等用途。

多用途打火机必须符合《消费品安全法》颁布的儿童安全标准,否则不得进入美国。所有制造商和进口商必须测试打火机,保存记录,并将结果报告给消费品安全委员会。制造商、私营贴标商或进口商向分销商或零售商交付产品时,产品的每个运输单元都必须附带一份合格证书,或者以另一种方式将合格证书提供给分销商或零售商。

22. 其他规定和标准

消费品安全委员会发布了许多其他安全标准、法规和禁令。由于这些法令所涉及的商品较少进口,进口企业对这些规定关注较少。这些商品包括:

- 建筑玻璃;
- 纸夹火柴;
- 民用波段收音机天线和电视天线;
- 手推动力割草机;
- 游泳池滑梯;
- 纤维素绝热材料;
- 车库门操控器;
- 非稳定式垃圾箱;
- 易燃接触黏合剂;
- 含石棉的黏合剂;
- 石棉防腐材料;

- 家用化学品（根据《联邦危险物质法》，危险家用化学品需要贴标签）；
- 冰箱门；
- 防毒包装法案（防毒包装法案规定的 32 种物质——某些化妆品、药品和家用化学品——需要特殊儿童防护包装）；
- 双层床。

8.1.5 电子产品

23. 产生辐射和声波辐射的产品

以下产品受《联邦食品、药品和化妆品法》第五章第 C 分章——"电子产品辐射"（原《1968 年辐射控制健康与安全法》）的约束：

- 装有阴极射线管的电视产品；
- 冷阴极气体放电管；
- 微波炉；
- 柜式和诊断 X 光设备；
- 激光产品；
- 超声波理疗设备；
- 太阳灯；
- 光盘；
- 移动电话和无绳电话；
- 有辐射性能标准规定的其他电子产品。

电子产品：①有相关的辐射性能标准规定，以及②进口用于在美国销售或使用，则进口商必须每次进口时都办理入境申报（表 FDA2877）。表格 FDA2877 可从食品药品监督管理局下属的设备和放射健康中心（马里兰州洛克维尔，20857）获得。

入境申报时必须描述产品的合规状态。进口商必须在以下方面对产品进行确认：

- 不受标准约束（例如，在适用的联邦标准生效日期之前制造）；或

- 符合标准,并贴有制造商证明符合标准的标签;或

- 不符合标准,但仅为研究、调查、学习、演示或培训目的而进口;或

- 现在不符合标准,但将通过弥补措施使其符合标准。

《联邦食品、药品和化妆品法》第五章第 C 分章"电子产品辐射"的规定适用于美国制造的电子产品以及进口产品。

24. 射频设备

根据经修订的《1934 年通信法》,以下商品受华盛顿联邦通信委员会(邮编:20554)无线电发射标准的约束:

- 收音机

- 磁带录音机

- 立体声音响

- 电视机

- 民用波段收音机

- 民用波段收音机组合产品

- 其他射频设备

此类产品的进口可附有一份联邦通信委员会声明(FCC740),证明进口型号或装置符合、将符合或豁免于联邦通信委员会的要求。

8.1.6 食品、药品、化妆品和医疗器械

2003 年 12 月 12 日开始实施《2002 年公共卫生安全和生物恐怖主义防备和应对法》(简称 BTA)。所有进口或拟进口到美国的供人或动物食用的食品均应符合本法的要求。

本法案的目的是确保人类和动物食用食品的安全。"食品"被定义为:

- 供于人类或其他动物食用或饮用的物品;

- 口香糖;

- 任何用于此类物品或此类物品组成部分的物品。

本法的重点在于要求制造商和托运人向食品药品监督管理局登记其向美国出口食品和食品的设施。制造商和托运人还必须向食品药品监督管理局提供有关本法案条例所涵盖的任何食品装运的事先通知(PN)。未提供事先通知将导致食品被拒绝进口,这可能导致货物被:

- 拦截在运抵港;
- 运送到安全存储处,等待直至符合事先通知要求;
- 出口,或
- 销毁。

有关《2002 年公共卫生安全和生物恐怖主义防备和应对法》及其要求的更多信息,请访问食品药品监督管理局网站:www.fda.gov。

25. 食品、化妆品等

进口到美国的食品、药品、设备和化妆品受《联邦食品、药品和化妆品法》的规定的管辖。卫生和公众服务部食品药品监督管理局(马里兰州洛克维尔,20857)管理本法案。

该法案禁止进口掺假或贴假商标的物品以及有缺陷、不安全、污秽或在不卫生条件下生产的产品。"贴假商标"一词包括商品标签中存在虚假或误导性的陈述、设计或图片,或未能提供标签中应提供的信息。该法案还禁止进口未经食品药品监督管理局批准进入美国的药品。

美国食品药品监督管理局监管的进口产品在进口时须接受检验。发现不符合其法律和法规的货物将被拒绝入境;这些货物或须通过弥补措施使其符合标准、或销毁、或再出口。根据食品药品监督管理局的决定,如果可能的话,进口商可以将不合格产品通过弥补措施使其符合标准。任何归类、再加工或重贴标签必须由食品药品监督管理局监督,费用由进口商承担。

一些受美国食品药品监督管理局监管的进口食品,如糖果、乳制品、家禽、蛋类和蛋类制品、肉类、水果、坚果和蔬菜,也必须符合其他机构的要求(如本书和本章其他部分所涉及的相关要求)。某些水生物种也可能受到国家商务部国家海洋和大气管理局下属的国家海洋渔业服务局(马里兰州银泉东西高速公路 1335 号,邮编:20910)的管控。

26. 生物制药

《公共卫生服务法》对供人类使用的生物制药产品的生产和进口进行管理。此类产品的国内和国外制造商必须获得美国颁发的生产机构许可证和拟生产或进口产品的产品许可证。其他信息可从卫生和公众服务部食品药品监督管理局（马里兰州洛克维尔 20857）获取，也可从其网站 www.fda.gov 获取。

动物用生物药物受农业部管理的《病毒血清毒素法》管制。除非进口商持有农业部关于特定产品的许可证，否则禁止进口用于治疗家畜的病毒、血清、毒素和类似产品以及生物体和载体。这些进口商品也要遵守特殊的标签要求。

27. 生物材料与载体

如要进口下列用于预防、治疗或治愈人类疾病或伤口的物品至美国进行销售、贸易或交换，则培植或准备这些物品的机构必须拥有卫生和公众服务部部长签发的美国制造许可证，且该许可证未被吊销或撤销。

- 任何病毒
- 治疗血清
- 毒素、抗毒素或类似产品
- 三苯胺及其衍生物或任何其他三价有机砷化合物

（此禁令不适用于研究实验中使用的材料，但是，研究材料应符合其他要求。）

每次进口时，必须附上美国许可产品的样品，以便入境口岸的海关和边境保护局港务局长将其转发至：

Director
Center for Biologics Evaluation and Research
1401 Rockville Pike
Bethesda, MD 20852

任何病原体，引发人类疾病的任何昆虫、动物或植物载体，或任何能够成为人类疾病载体的外来活昆虫、动物或植物的运输都需要获得美国公共卫生署（佐治亚州亚特兰大疾病控制和预防中心）的许可。

28. 麻醉药品和衍生物

禁止进口包括麻醉品、大麻和其他危险药物在内的受管制物品，除非符合司法部缉毒局（弗吉尼亚州阿灵顿市 VA22202）的规定。以下为违禁管制物品的部分样例：

- 安非他命

- 巴比妥酸盐

- 古柯叶和可卡因等衍生物

- 迷幻剂，如 LSD 迷幻剂、美斯卡灵、比约特、大麻和其他形式的大麻原料

- 鸦片制剂，包括美沙酮

- 鸦片，包括鸦片衍生物，如吗啡和海洛因

- 麻醉药品的合成替代品

- 合成代谢类固醇

29. 吸毒用具

根据《美国法典》第 21 卷 863 节，禁止进口或出口吸毒用具。

根据《管制物质法》（《公法》第 2 卷 91 - 513)术语"吸毒用具"是指主要用于或设计用于制造、合成、转化、隐藏、生产、加工、制备、注射、吞食、吸入或以其他方式将本法案规定属于非法的受管制物质引入人体使用的任何设备、产品或材料。

吸毒用具包括但不限于：

- 金属、木材、丙烯酸、玻璃、石头、塑料或陶瓷管（带或不带筛网、永久筛网、散列头或穿孔金属碗）

- 液体管

- 汽化管和装置

- 吸烟和汽化面罩

- 蟑螂夹，指用于固定燃烧材料（如大麻香烟因燃烧变得太小或太短，无法握在手上）的物体

- 容量为十分之一立方厘米或更小的微型汤匙

- 腔室管

- 化油器管

- 电动烟斗

- 气动管

- 大麻烟斗

- 水烟枪

- 冰管或冷却装置

- 有线卷烟纸

- 可卡因游离基试剂盒

8.1.7　冲突钻石

30.　冲突钻石

2003 年 4 月 25 日,美国总统签署了《清白钻石贸易法案》,议案号 HR1584(《公法》108－19),成为法律。这项法案使美国能够执行 50 多个国家共同制定的程序,在促进钻石合法贸易的同时,将未加工(未切割或未抛光)冲突钻石排除在国际贸易之外。冲突钻石是非洲反叛组织或其盟国为资助针对国际公认合法政府的暴动而出售的未加工钻石。

非洲部分地区的反叛组织、军事组织和恐怖组织利用冲突钻石为针对合法政府的非法叛乱提供资金。冲突钻石之所以被称为"冲突"钻石,是源于反叛组织在这些叛乱中对平民犯下的暴行。美国在达成遏制这一贸易的国际共识方面发挥了关键作用,因此大力支持金伯利进程。

金伯利进程认证计划(KPCS)是一项国际倡议,旨在通过记录和跟踪所有参与该认证计划国家的未经加工钻石,并将其装入防篡改集装箱运输,从而切断合法钻石贸易与冲突钻石贸易之间的联系。

进口到美国的未加工钻石需要具备金伯利进程认证证书,并且必须密封在防篡改容器中。

8.1.8　金、银、货币、邮票

31.　金银

经修订的《国家印花税法》(《美国法典》第 15 卷 291—300 条)的规定部分由美

国海关和边境保护局和联邦调查局强制执行。由黄金或其合金制成的物品,如果黄金含量低于规定纯度 0.5 克拉,则禁止进口到美国。对于由黄金或黄金合金制成的物品,包括较低纯度的焊料和合金,允许在指示纯度以下出现 1 克拉的偏差。

标记为"标准纯银的"或"纯银标准"的物品必须至少测定 0.925 纯银,允许偏差为 0.004。其他银或银合金制品的含量不得比所示纯度低 0.004 份以上。标有"硬币"或"硬币银"的物品必须包含至少 0.900 份纯银,允许偏差为 0.004 份以下。

邮购或州际贸易中,如涉及有纯度或质量标志的金银制品(如 14K、标准纯银的等),邮寄方必须将其姓名或注册商标以与纯度标志大小相同的字母放置在纯度标志旁边。由于进口时不需要商标或名称,因此美国海关和边境保护局没有直接责任执行该法律的这一方面。任何寻求对该法律的进一步建议或解释的人应咨询司法部。

禁止进口带有"美国化验"字样的物品。

全部或部分用较劣质金属制成并镀有或填充有金、银或其合金,并标有纯度的物品,也必须标明镀有或填充的金银含量。在这种情况下,禁止将之称为"纯银"或"银币"。

自 1974 年 12 月 31 日起,取消了对黄金购买、持有、出售或以其他方式交易的限制,黄金可以按照通常的海关和边境保护局入境要求进口。根据由联邦贸易委员会消费者保护局管理的《业余爱好保护法》,任何仿制钱币的物品都必须清楚、永久地标明"仿本";不符合此标记要求的物品将被扣押和没收。

非官方的重压金币必须标明原产地。建议从负责的银行官员处获得发行硬币的法律公告的副本,或者,如果无法获得该公告,则应获得政府对硬币的书面批准证明。

32. 假冒品

不得进口含有美国或任何其他国家硬币或货币证券的仿制品或复制品的物品。禁止进口以下物品:美国流通硬币的伪造品;仿造、伪造或经篡改的美国或任何其他国家政府的债券或其他货币证券;可用于制造上述任何物品的板材、模具或其他设备。

33. 货币工具

根据《货币和对外交易报告法》,《美国法典》第 31 卷 5311 条及其后各条,如果单人一次性故意运输、准备运输或已经运输超过 1 万美元的货币工具至美国、经过美国或从美国运出,或者如果单人一次性从美国以外的地方或经过美国以外的地方收到超过1万美元的货币工具,必须向美国海关和边境保护局提交运输报告(表格FINCEN105)。货币工具包括:

- 美国或他国硬币
- 纸币
- 任何形式的旅行支票
- 个人和其他支票,无记名可转让形式或无限制背书
- 汇票,无记名可转让形式或无限制背书
- 无记名证券或股票

支付给指定人但未背书或附有限制性背书的银行支票或汇票,不视为"货币工具"。《美国联邦法规》第31卷第103部分规定了财政部关于货币工具报告的规定。

8.1.9 农药、有毒有害物质

34. 农药

1988年修订的《联邦杀虫剂、杀菌剂和杀鼠剂法》(FIFRA)规定了对进口至美国的杀虫剂和杀虫剂装置进行管理的法定权限。《美国海关和边境保护局条例》第19卷第12.112—117部分描述了管理这些进口的程序,颁布于本权限第17(C)节。除其他要求外,这些法规要求进口商向美国海关和边境保护局提交一份进口货物在抵达美国之前经环境保护署审查和批准的《抵达通知》(环境保护署表格3540-1)。

未按照《联邦杀虫剂、杀菌剂和杀鼠剂法》第3条登记的杀虫剂将被拒绝进入美国。杀虫剂设备不须进行产品注册,但杀虫剂和杀虫剂设备的标签必须注明生产企业的环境保护署注册号。

如果杀虫剂和设备被认定为掺假或商标作假,或以任何其他方式违反《联邦杀虫剂、杀菌剂和杀鼠剂法》的规定,或以其他方式损害健康或环境,则将被拒绝入境。

35. 有毒物质

1977年1月1日生效的《有毒物质控制法》(TSCA)对该法案第3节中广泛定义的所有化学物质或混合物的制造、进口、加工、商业分销、使用或处置进行监管。第3节规定,根据某些物质的用途,将其排除在"化学物质"的定义之外。这些物质

包括但不限于：

- 食品

- 药物

- 化妆品

- 杀虫剂中的活性成分

除非向美国海关和边境保护局提交适当的证明，表明其进口"符合"《有毒物质控制法》要求或"不受"其约束，或进口商品已被认定为食品、药物或活性农药成分，否则进口商品将不得从美国海关和边境保护局的监管下放行。

有关环境保护署发布的更多信息，请致电《有毒物质控制法》援助信息服务局，电话：202.554.1404。

36. 有害物质

《有害物质法》《腐蚀性毒物法》《食品、药品和化妆品法》和《消费品安全法》都对进口危险的、腐蚀性的、侵蚀性的和有危害的物质至美国进行了监管。其中一项要求是，这些物质应以适合家庭使用的包装运输到美国。

美国交通部危险品运输办公室（华盛顿特区，邮编 20590）对危险材料、危险物质、危险废弃物及其容器的标记、标签、包装和运输进行监管。危险废弃物是危险物质的一个特殊子类，受《资源保护与回收法》监管。这类废弃物的进出口都需要环保署的特殊证明。

美国海关和边境保护局认为，用受辐射污染的材料生产的其他合法商品具有危险性，因此可能被扣押。

37. 制冷剂

制冷剂和其他破坏臭氧层的物质的生产、消费和进口受 1990 年修订的《清洁空气法》第 6 章的监管。更多一类和二类破坏臭氧层的物质的常见生产商号列表，请参阅本书附录。

一类包括氟氯烃（CFCS）、氯甲烷、四氯化碳、卤代烷和溴甲烷。二类包括氢氟碳化合物（HCFCS）。一类和二类物质都常用作制冷剂、溶剂和灭火剂。环境保护署监管所有一类和二类破坏臭氧层的物质的进口。

8.1.10 纺织品、羊毛和毛皮制品

38. 纺织品

所有进口到美国的纤维纺织产品必须按照《纤维纺织产品识别法》的要求加盖印章、挂牌、贴标签或以其他方式标记以下信息,除非是该法案第 12 节规定免于标记的产品:

- 纺织纤维产品中含量在 5％以上的纤维成分的通用名称和重量百分比(不包括允许范围内的装饰)。
- 纤维成分必须按重量从重到轻的顺序列出。任何含量等于或少于 5％的纤维必须被指定为"其他纤维",并且必须出现在此列表的最后。
- 制造商名称,或由联邦贸易委员会签发的销售或经手纺织品的人员姓名或身份证号。如果商标所有人在使用前向联邦贸易委员会提供了专利局注册的副本,则可以在标签上使用在美国专利商标局注册的用作公司专用标志的文字商标,以代替其他要求的名称。
- 产品加工或制造国的名称。

每批价值超过 500 美元的纺织纤维产品需要商业发票。符合法案标签要求的纺织纤维产品商业发票必须包含第 10 章("商业发票")中所述的信息以及发票上通常要求的信息。法规和包含《纤维纺织产品识别法案》文本的小册子可从联邦贸易委员会获得(华盛顿特区,20580)。

根据《1956 年农业法案》第 204 节,进口纺织布料和纺织产品除标签要求外,还应遵守配额、签证、出口许可证或其他入境要求,包括识别构造成分的申报单。

39. 羊毛

1939 年制定的《羊毛产品标签法》要求,除地毯、垫子、家具装饰品和进口前 20 年以上制造的物品外,任何含有羊毛纤维的进口产品均应贴上标牌、标签或以其他方式清楚地标记以下信息:

- 以下成分占羊毛产品总纤维重量的百分比,不包括不超过总纤维重量 5％的装饰品:

① 羊毛；

② 再生羊毛；

③ 除羊毛以外的重量百分比至少达 5% 的每种纤维，以及

④ 所有其他纤维的集合体。

- 由任何非纤维装填、填充或掺杂物质所占羊毛产品总质量百分比。
- 制造商或进口商的名称。如果进口商有联邦贸易委员会颁发的注册识别号，则可以使用该号码代替个人的名称。

每批价值超过 500 美元的羊毛制品需要随附商业发票。符合法案标签要求的羊毛产品商业发票必须包含第 10 章（"商业发票"）所述信息。

《羊毛产品标签法》的规定适用于美国制造的产品以及进口产品。包含《羊毛产品标签法》文本和条例的小册子可从联邦贸易委员会获得（华盛顿特区，20580）。

40. 毛皮

《毛皮产品标签法》要求，除成本或制造商售价不超过 7 美元的新皮毛制品外，任何进口的全部或部分由毛皮制成、或由旧毛皮制成的服装制品均应通过标牌、标签或以其他方式清楚地标明以下信息：

- 制造商或进口商的名称。如果进口商有注册识别号，可以使用该号码代替个人姓名。
- 《毛皮产品名称指南》中规定的以及联邦贸易委员会规章制度中确定的毛皮来源动物名称。
- 毛皮产品中含有的使用过或损坏的毛皮（如果事实如此）。
- 毛皮产品经过漂白、染色或其他人工着色（如果事实如此）。
- 毛皮产品全部或大部分由爪、尾、腹部皮毛或废毛皮组成（如果事实如此）。
- 毛皮产品中所含任何进口毛皮的原产地。

每批价值超过 500 美元的毛皮或毛皮产品需要随附商业发票，并且必须包含第 10 章（"商业发票"）中注明的发票信息。

狗或猫的毛皮。禁止进口、出口、运输、分销或销售含全部或部分狗毛、猫毛或两者兼而有之的任何产品。对进出口、运输、经销、销售的上述产品予以扣押、没收，

并可以对违反本法的人处以罚款。任何被发现违反此禁令的人都可能被禁止进口或出口任何毛皮产品。本禁令不适用于为非商业目的进口、出口或运输已死亡的私人宠物,包括通过动物标本剥制保存的宠物。

《皮毛产品标签法》的规定适用于美国以及进口的毛皮和毛皮产品。法规和包含《毛皮产品标签法》文本的小册子可从联邦贸易委员会(华盛顿特区,20580)获取。

8.1.11 商标、商号和版权

41. 商标和商号

带有假冒商标的物品将被扣押和没收。假冒商标是指与注册商标相同或者无实质区别的虚假商标。带有复制或模仿已在美国海关和边境保护局备案的注册商标标志的物品将被扣留,并可能被扣押和没收。根据《美国法典》第 19 卷 1526(E)条,当商品被扣押和没收时,美国海关和边境保护局可实施民事处罚。[见《美国法典》第 19 卷 1526(F)条]。

美国海关和边境保护局亦可裁定给予已注册及已登记的商标保护,以防止平行或灰色市场货品的进口。这些商品具有合法商标,但原本未计划在美国销售。如果美国海关和边境保护局裁定已注册及已记录的商标受保护,免受灰色市场货品进口的影响,任何进口该等货品的企图将导致货品被扣留,并可能被扣押和没收。

对于带有侵权商标的商品,如果该商品是抵达美国的人随身携带且仅为个人使用而非出售,则允许对该商品进行个人豁免。每种带有注册商标的侵权物品只能有一个。个人仅可在 30 天内享受一次该豁免权[《美国法典》第 19 卷 1526(D)条;《美国联邦法规》第 19 卷 148.55 条]。

42. 版权

任何已注册版权产品的盗版(盗版、假冒)复制品一旦进口到美国将被扣押和没收。

8.1.12 野生动物和宠物

43. 野生动物和宠物

进口活的野生动物(即猎兽、鸟类、植物)、其身体的任何部分、或由其制成的任何产品以及禽蛋,均须遵守由多个政府机构管理的禁令、限制、许可证和检疫要求。

野生动物、其身体部分或由其制成的产品,除在进口或出口之前已批准的例外情况,必须在美国鱼类和野生动物管理局(FWS)的指定港口申报进出口。如欲索取更多资料或要求豁免指定港口许可证的规定,可联络鱼类和野生动物管理局在该进出口岸区域的区域执法助理主任。

任何计划进口或出口野生动物的商业进口商或出口商(出口商有一些例外情况)必须首先从鱼类和野生动物管理局获得许可证。可从进口商或出口商所在区域的鱼类和野生动物管理局执法助理主任处进行申请和获得进一步信息。

通常禁止濒危野生动物和某些特定的动物及鸟类进入美国。此类物种的进口或出口必须具备鱼类和野生动物管理局授予的许可证。有关许可证要求的具体信息,请访问弗吉尼亚州阿灵顿市北费尔法克斯大道 4401 号鱼类和野生动物管理局管理办公室,邮编 22203;或拨打 1.800.358.2104;或访问鱼类和野生动物管理局网站 www.fws.gov。

古董物品(可证明至少有 100 年历史的物品)可以免除美国濒危物种法的某些要求。可联系鱼类和野生动物管理局管理办公室了解详情。

海洋哺乳动物。海洋哺乳动物及其产品的提取和进口应符合 1972 年制定并于 1994 年修订的《海洋哺乳动物保护法》(MMPA)的要求。根据《海洋哺乳动物保护法》规定,国家海洋渔业服务局和鱼类和野生动物管理局都对某些物种和进口活动拥有管辖权。还需遵守《美国濒危物种法》和《濒危物种国际贸易公约》(CITES)的其他要求。在进口之前,应联系这两个机构,了解其确切的进口要求。国家海洋渔业服务局制定的其他进口要求也适用于国际大西洋金枪鱼保护委员会保护下的某些物种,例如大西洋蓝鳍金枪鱼。有关更多信息,请访问该机构的网站 www.nmfs.noaa.gov。

某些植物、哺乳动物、爬行动物、两栖动物、鱼类、蜗牛、蛤蜊、昆虫、甲壳类动物、软体动物和其他无脊椎动物可能被禁止进入美国,除非进口商在进口前获得出口国(即外国)野生动物管理局或美国鱼类和野生动物管理局管理办公室的许可。

如果野生动物被以任何违反其所在国法律的方式捕获、带走、运输或占有,则禁止向美国进口该野生动物、其身体部分或产品。

除本段落条款所述物种外,禁止进口任何鸟类的羽毛或皮毛,但为科学或教育目的进口的除外。这项禁令不适用于全人工制造的用于捕鱼的人工蝇,也不适用于个人携带的非商业性猎禽。在特定条件下,允许下列物种的羽毛或动物皮进口至美国:

- 鸡

- 火鸡

- 珍珠鸡

- 鹅,鸭子

- 鸽子、鸵鸟

- 美洲鸵

- 英国环颈雉

- 非野生孔雀

1992 年 10 月 23 日,《野生鸟类保护法》生效。本法案着重于保护《濒危物种国际贸易公约》(CITES)附件所列的活物种。如果您进口活鸟,除符合《濒危物种法》《候鸟条约法》和任何其他适用法规的要求外,还必须符合本法的要求。必须提前从鱼类和野生动物管理局管理办公室获得进口许可证。

受《候鸟条约法》保护的活鸟及其身体部分和由其制成的产品,只有在进口地或进口商居住地的鱼类和野生动物管理局候鸟办公室的区域办公室签发许可证后,才能为科学目的或某些繁殖目的进口到美国。

进口鸟类(宠物、候鸟、猎鹰)应符合美国农业部和公共卫生署的检疫要求。进口前必须预留检疫区。健康证明书必须在出口前从鸟类的原产地取得。可向相关机构咨询。

1989 年 6 月 9 日,美国鱼类和野生动物管理局宣布禁止进口大多数非洲象象牙及其制品。禁令涵盖所有商业和非商业货物,包括随行旅客的私人行李。古董、奖杯和个人家用物品存在个别例外。欲了解更多信息,请联系美国鱼类和野生动物管理局办公室,地址:弗吉尼亚州阿灵顿市费尔法克斯大道 4401 号,22203,电话:1.800.358.2104。

下列物品的进口须符合美国公共卫生署检疫司疾病控制中心(佐治亚州亚特兰大市,邮编30333)的要求;农业部动植物卫生检验局兽医服务处(马里兰州海亚茨维尔,邮编20782)的要求;以及美国鱼类和野生动物管理局的要求:

- 鸟

- 猫

- 狗

- 猴子

- 海龟

每只进口的活狗必须附有狂犬病现状证明书。没有狂犬病现状证明书的狗只进口商,在狗只获美国海关放行前,必须填妥美国疾病控制中心表格 75.37"致狗只拥有人及进口商的通知"。进口商必须将此填妥后的表格的副本发送至公共卫生署的当地检疫站,其列表可在疾病控制中心网站 www.cdc.gov 上找到。如果找不到当地检疫站,进口商可以致电 773.894.2960(芝加哥)、718.553.1685(纽约肯尼迪国际机场)或 310.215.2365(洛杉矶)了解提交本表的合适办事处。

美国公共卫生署对于进口甲壳长度小于四英寸的活海龟、乌龟和水龟,以及海龟、乌龟和水龟的活蛋在进口目的和数量方面有严格的要求。美国公共卫生署不允许将活的、非人类的灵长类动物(包括猴子)作为宠物进口。

8.1.13 其他受禁止或限制的商品

44. 火柴、烟花、刀具
以下商品均被禁止进口:

- 白磷或黄磷火柴;

- 联邦或各州禁令禁止的烟花;

- 胡椒壳;

- 弹簧刀。

45. 外国资产控制限制
美国财政部外国资产控制办公室(OFAC)管理对国家、公司和个人实施各种制裁的法规和行政命令,包括进口或出口禁令。制裁所施加的限制各不相同,在包括禁令的某些情况下,即使大多数其他产品是禁止的,可能允许进口某些产品。有关完整信息,请与您当地的入境口岸联系。

目前对以下国家实行全部或部分贸易禁运:

- 古巴

- 伊朗

- 朝鲜

- 苏丹

- 叙利亚

- 缅甸

旅行者须知,对于这些国家也可能实行旅行限制。由于这些禁令的严格执行,任何预期到上述任何国家旅行的人都应在计划旅行之前及早联系外国资产控制办公室,电话202.622.2500,或写信给华盛顿特区财政部外国资产控制办公室,邮编:20220。

外国资产控制办公室还对以下国家和地区的目标人员实施制裁:

- 西巴尔干半岛

- 缅甸

- 伊拉克

- 利比里亚

- 利比亚

- 津巴布韦

此外,外国资产控制办公室对被认为涉及以下行为的个人或实体实行制裁:

- 非法钻石贸易

- 恐怖活动

- 毒品走私

- 大规模杀伤性武器扩散

- 暴力行为

- 威胁到国际社会稳定的行为

- 反人类罪行

涉及这些人或实体的进出口交易通常被禁止。有关详细信息，请访问外国资产控制办公室网站 www. treas. gov，或致电 202. 622. 2480 联系外国资产控制办公室的许可证颁发处。

46. 淫秽、不道德或煽动性的物品和彩票

经修订的《1930 年关税法》第 305 节禁止进口任何包含以下内容的书籍、文字、广告、宣传单或图片：

- 任何主张或煽动叛国或对美国发动暴动的内容；
- 任何主张或煽动强制抵制美国任何法律的内容；
- 对美国境内任何人的生命或人身安全造成威胁的内容。

并禁止进口以下物品：

- 任何淫秽书籍、文字、广告、宣传单、图片或其他在纸张或其他物料上的描绘、图形或图像；
- 任何淫秽或不道德的器具或其他物品；
- 未经美国食品药品监督管理局批准的任何会导致非法流产的药物；
- 任何彩票，除了在加拿大印制以用于美国（或者在某些情况下，用于其他国家）的彩票。

47. 石油及石油产品

石油和石油产品的进口须符合能源部的要求，不再需要进口许可证，但可能需要进口授权。这些进口可能需要缴纳由能源部征收和管理的石油进口许可证费用。相关事宜应直接向能源部查询（华盛顿特区，邮编 20585）。

48. 罪犯或强迫劳动的产品

如有根据《美国海关和边境保护局条例》第 12.42 节（《美国联邦法规》第 19 编 12 部分 42 条）所作裁决公布，来自特定国家的某些类别的商品（无论曾经进口还是即将进口至美国）是由罪犯、受强迫的劳动力或受刑事处罚的契约劳工所生产，判定其违反经修订的《1930 年关税法》第 307 条（《美国法典》1307 节），则禁止进口全部或部分使用罪犯劳动、强迫劳动或受刑事制裁的契约劳动生产、开采或制造的商品。

49. 不正当竞争

经修订的《关税法》第337节禁止在总统发现存在不公平竞争方法或不公平行为的情况下进口商品。这一节最常在侵犯专利的情况下调用,尽管对专利本身不一定有争议。所涉商品的禁止进口一般适用于专利的保护期限,尽管可以规定不同的期限。

根据第337节的调查,国际贸易委员会(ITC)可能会发现在进口特定商品方面存在不公平的竞争方法或不公平行为。在国际贸易委员会发布命令后,总统可以在60天内采取行动,传达其是否批准国际贸易委员会的决定。如果60天期满,总统未采取行动,该命令将成为最终决定。在60天期限内,或在总统采取行动之前,可以通过提供特别担保进口商品。但是,一旦这一命令成为最终决定,则海关和边境保护局必须召回该商品,前提是召回行动符合命令的规定。如果总统确定所涉商品的入关不违反第337节,则取消担保。

50. 文物(文化)财产

美国的一些法律监管文物的进口,如考古和人种学物品。例如,美国法律禁止从中美洲和南美洲国家进口哥伦布发现新大陆前的纪念碑和建筑雕塑及壁画,除非先从原产地获得出口许可。美国海关和边境保护局不接受第三国的出口许可。进口商还应注意,美国和墨西哥之间存在一项关于返还文化财产的条约。

从下列国家进口某些考古和人种学资料受到特别限制,除非有原产地签发的出口证书,否则不得进入美国:

- 玻利维亚
- 塞浦路斯
- 柬埔寨
- 萨尔瓦多
- 危地马拉
- 洪都拉斯
- 意大利
- 马里
- 尼加拉瓜
- 秘鲁

此外,如果是 1990 年 8 月 6 日后从伊拉克非法转移的文化财产,则被禁止进入美国。

所有这些限制的目的都是为了阻止对其他国家文化遗产的掠夺,并为合法的科学、文化和教育活动创造获取文物的机会。美国海关和边境保护局在《联邦公报》上公布了这类物品的进口限制;这些限制也可以在美国国务院教育和文化事务局的网站 www. exchanges. state. gov 上查询。

联邦法律还禁止进口从博物馆、宗教场所或非宗教公共纪念馆中盗窃的任何文化财产。文化财产的潜在购买者应该意识到,购买文物不同于购买传统旅游商品,一旦发现是盗窃品,商品购买者将不具备所有权。在这种情况下,《美国国家被盗财产法》可适用,特别是当原籍国依法宣布拥有其目前政治边界内所有已知或未知的文化物品时。

众所周知,本节所述的非法商品的经销商所提供的出口证书是伪造的。潜在买家应该意识到,海关和边境保护局工作人员非常善于发现文化财产所附的虚假出口证明。美国海关和边境保护局工作人员还将审查进口申报表,以确定是否输入了任何虚假信息,因为这也构成了违规行为。

有关美国已发布的具体进口限制国家的最新信息,请联系美国国务院教育和文化事务局(华盛顿特区,20547),或访问该机构的网站:www. exchanges. state. gov。有关如何执行这些限制的信息,请访问美国海关和边境保护局网站 www. cbp. gov,并搜索"文化财产"。

51. 美国贸易代表办公室行动

根据《1974 年贸易法》的授权,美国贸易代表办公室(USTR)负责根据第 301 节受理对损害美国出口商的外国不公平贸易行为的投诉。美国贸易代表办公室可能直接影响美国进口商的行动包括暂停优惠待遇。例如,美国贸易代表办公室可以暂停正常的贸易关系税率,并对来自被发现歧视美国产品的国家的指定产品征收更高税率。

进口商和网购商应定期查看美国贸易代表办公室网站 www. ustr. gov,以确定其产品的税率是否被调高。美国贸易代表办公室通常会列出产品清单,并为可能受到更高税率影响的企业提供一段时间进行意见反馈。

商务部国际贸易管理局已建立一个通知系统,将美国贸易代表办公室可能影响进口产品的行动通知到进口商。希望收到此类通知的进口商应在商务部国际贸易管理局网站(www.ita.doc.gov)注册。进口商须知,一旦美国贸易代表办公室采取了第 301 节规定的行动,美国海关和边境保护局将负责按照美国贸易代表办公室的指示实施该行动。

有关美国海关和边境保护局目前正在执行的美国贸易代表办公室的行动信息,请访问 www.cbp.gov。

8.2 酒精饮料

任何希望从事进口蒸馏酒、含至少 7% 酒精的葡萄酒或麦芽饮料至美国的业务的个人或公司,必须首先获得美国财政部烟酒税收贸易管理局(TTB)的进口商基本许可证。烟酒税收贸易管理局负责执行《联邦酒精管理法》,《美国法典》第 27 卷 201 条及以下各条,以及《美国联邦法规》第 27 卷 A 分章。

根据本法案,烟酒税收贸易管理局有权:

- 防止欺骗消费者;
- 要求酒类产品上的标签向消费者提供有关产品特性和质量的"充分信息",以及
- 禁止虚假或误导性陈述。

有关基本许可证、标签和其他进口问题的信息,请访问烟酒税收和贸易管理局网站 www.ttb.gov 或烟酒税收贸易管理局国家税务中心 1877.882.3277。

容器容量超过一加仑的散装进口蒸馏酒,只能由具有法定散装蒸馏酒购买资格或处置权的个人从海关和边境保护局监管中提取。包含收货人的名称、内容物的性质和所装货物的数量的提单或其他单据(如发票)的副本,在进口时,必须随每批散装或瓶装进口烈酒、蒸馏酒或易令人酒醉的含酒精饮料一起装运(《美国法典》第 18 卷 1263 条)。

海关和边境保护局不会向任何一州放行违反该州法律的含酒精饮料。禁止通过邮寄进口含酒精饮料。

美国根据 1975 年颁布的《公制换算法》采用了公制计量单位。通常而言,进口葡萄酒如果在 1979 年 1 月 1 日当天或之后装瓶或包装,则必须符合公制灌装标准。

进口蒸馏酒,除某些例外情况外,如果在 1980 年 1 月 1 日当天或之后装瓶或包装,则必须符合公制灌装标准。在适用日期之前装瓶或包装的蒸馏酒或葡萄酒必须附有一份声明,确认事实,并由相应国家的授权官员签字。此声明可以是单独的单据,也可以在发票上显示。按体积计酒精含量低于 7% 的葡萄酒和麦芽饮料(包括啤酒)不受灌装标准的限制。

根据 1986 年制定的《国内税收法》(《美国法典》第 26 编第 51 节),所有按体积计酒精含量至少 0.5% 的饮料都要缴纳消费税。这项税适用于所有适合于饮用的酒类产品,即使它们是进口用于工业用途。消费税也适用于进口的变性酒精,包括燃料酒精,除非其直接从美国海关和边境保护局监管处转移到注册蒸馏酒精厂的保税场所(或如果是燃料酒精,则转移到注册酒精燃料厂)。

散装进口的蒸馏酒(《国内税收法》第 5232 节)、葡萄酒(第 5364 节)和啤酒(第 5418 节)可以保税方式从海关和边境保护局监管处转移到蒸馏酒厂、葡萄酒酿造厂或啤酒厂的保税场所,无需缴纳消费税(见《美国联邦法规》第 27 卷第 27 节)。

8.2.1 标记

装在瓶子或其他容器中进口的葡萄酒(按体积计酒精含量小于 7% 的除外)必须按照《美国联邦法规》第 27 卷第 4 节的规定进行包装、标记、贴品牌和标签。按体积计酒精含量低于 7% 的葡萄酒不受《美国联邦法规》第 27 卷第 4 节规定的约束,但必须按照食品药品监督管理局的规定进行标记。进口麦芽饮料,包括无酒精和非酒精麦芽饮料,必须按照《美国联邦法规》第 27 卷第 7 节的规定贴上标签。关于进口蒸馏酒的标签规定参见《美国联邦法规》第 27 卷第 5 节。

进口蒸馏酒、葡萄酒或麦芽饮料的每个瓶、桶或其他直接灌装容器必须按照美国海关和边境保护局的要求进行标记,表明其内容物的原产地,除非货物属于“原产地规则”所述的例外情况之一。

8.2.2 健康警告声明

《美国联邦法规》第 27 卷第 16 节中的烟酒税收贸易管理局条例要求在 1989 年 11 月 18 日或之后瓶装酒精饮料容器标签上显示以下健康警告:

政府警告:①据卫生局局长建议,女性在怀孕期间不应饮用含酒精的饮料,因为存在导致新生儿出生缺陷的风险。②饮用含酒精饮品会损害驾驶汽车或操作机器的能力,并可能导致健康问题。

8.2.3 标签批准证书

进口蒸馏酒、葡萄酒和麦芽饮料的标签必须覆有烟酒税收贸易管理局签发给进口商的标签批准证书。标签批准证书或其复印件必须在美国海关和边境保护局备案,该货物才能被放行在美国销售。这些规定并不适用于酒精含量低于7%的葡萄酒,但如果在麦芽饮料被取出用于消费的州规定了类似于联邦规定的标签要求,那么这些规定也适用于发酵麦芽饮料。

8.2.4 国外文件

葡萄酒和蒸馏酒进口商应向烟酒税收贸易管理局咨询原产地证明、身份证明、年份证明和适当的酒窖处理证明。某些葡萄酒或蒸馏酒需要原始原产地证书作为入境条件。此外,进口天然葡萄酒的进口商在进口时必须持有《美国联邦法规》第27卷第27节140条中规定的有关酒窖妥善处理的证明。

8.2.5 其他机构要求

酒精饮料的进口还应符合食品药品监督管理局的具体要求。某些植物材料在用于葡萄酒或其他液体的瓶套中时,受到动植物卫生检验局植物检疫条例的特殊限制。所有由干燥或未经加工的植物材料制成的瓶套在抵达时都要接受检查,并提交农业部。

8.3 机动车辆和船舶

8.3.1 汽车、车辆和车辆设备

安全、保险杠和排放要求。一般来说,所有25年以下的进口机动车辆和机动车辆设备必须符合制造这些车辆或设备时生效的所有适用联邦机动车辆安全标准(FMVSS)。进口时美国海关和边境保护局将检查其是否符合标准,并通过永久贴

在车辆或商品上的原始制造商的认证加以验证。进口机动车辆或机动车辆设备时，必须提交一份入境申报表 HS-7。HS-7 可从报关行或入境口岸获取。

如果事先获得美国交通部和环境保护署的书面批准，则某些临时进口可免于遵守合规性要求。这包括为研究、演示、调查、学习、测试或竞赛活动而引进的车辆。此外，环境保护署的表格 3520-1 和交通部的表格 HS-7 必须在此类车辆入境时提交给海关和边境保护局。

非美国居民、外国政府或外国武装部队成员临时使用的进口车辆不需要符合安全、保险杠、排放或防盗标准。非美国居民进口自用的不符合标准的车辆必须在一年内出口。本段中所述的车辆也可能需要提交环境保护署和交通部申报表（分别为表格 3520-1 和表格 HS-7）。

进口未经认证或者不符合标准的永久性使用车辆时，必须在入境口岸交付金额为车辆完税价格 150% 的交通部保证金。进口商还必须与在交通部注册的进口商签订合同，该进口商将对车辆进行改装，使其符合所有适用的安全和保险杠标准，并对改装进行认证。本合同副本必须在入境口岸随表格 HS-7 一起提交给美国海关和边境保护局。此外，必须确定车型和该车型生产年份才能进口。

有关这些要求的其他信息或详细信息，请联系：

U.S. Department of Transportation

National Highway Traffic Safety Administration

Director of the Office of Vehicle Safety Compliance (NEF-32) 400 Seventh Street, SW

Washington, DC 20590

Tel.: 1.800.424.9393

经修订的《清洁空气法》禁止进口不符合美国环境保护署尾气排放规定的任何机动车辆或机动车辆发动机。无论机动车辆或机动车辆发动机的新旧，无论其最初是为在其他国家销售和使用而生产的，还是为符合美国环境保护署对（车辆）在美国销售或使用的要求而生产的（或后来经过修改的），这一限制都适用。除乘用车外，卡车、多用途车辆（如全地形车辆、野营车）、摩托车等所有能够被州政府注册在公共道路上使用，或者环境保护署认为能够在公共道路上安全驾驶的车辆，都要遵守这些要求。术语"车辆"在下文中用于包括所有环境保护署管制的车辆和发动机。

8.3.2 非路驶发动机进口

根据《清洁空气法》和《美国联邦法规》第 40 卷第 89、90 和 91 节的实施条例,环境保护署对某些非路驶柴油和汽油发动机进行监管,要求其自 1996 年 1 月 1 日起达到联邦排放标准。

非路驶,也被称为"道路之外"或"非公路",为专用术语,涵盖多种发动机和设备。非路驶类设备包括草坪和花园设备、室外电力设备、娱乐设备、农场设备、建筑设备、船用发动机和机车。

在进口到美国之前,受管制的非路驶发动机必须具备由环境保护署颁发的合格证书。环境保护署向发动机制造商颁发证书;证书声明其上指定的发动机系列符合所有适用的排放标准和其他要求。它还允许制造商销售或要约销售该发动机系列、或将该发动机系列引入商业市场或进口到美国。每次仅颁发一个车型生产年份的证书。确认发动机符合排放标准的标签必须贴在发动机上并明显易见。

根据要求,进口商在商品进入美国时必须向美国海关和边境保护局提供环境保护署表格 3520-21。此表必须包含有关引擎的以下信息:

- 型号
- 型号编号
- 序列号
- 马力
- 建造日期
- 制造商

还必须包括包含发动机的设备或车辆的说明,包括:

- 设备制造商
- 设备序列号
- 美国环境保护署(EPA)排放标签的位置
- 发动机序列号

有关符合美国环境保护署排放标准的非路驶发动机进口的更多信息和具体指南，请参考美国环境保护署网站 WWW. EPA. gov 上的网页："进口车辆和发动机"。获取环境保护署表格 3520 - 21，可登录环境保护署网站。

如需技术援助，请致电 202.564.8673 联系美国环境保护署民事执法办公室空气法令执行处。

美国版车辆：任何人都可以进口美国版的车辆。所有这类 1971 年及以后的车型都需要在发动机舱内清楚易见的位置贴上标签，说明车辆符合美国的要求。此标签将显示"车辆排放控制信息"，并由制造商声明车辆在制造时符合美国环境保护署排放要求。如果该标签不存在，进口商应在进口前从制造商的美国代表处（而非经销商处）获得一份合格证。

非美国版车辆：个人不得进口非美国版车辆（除非另有排除或豁免，见以下几节）。此类车辆必须由一个独立的商业进口商（ICI）进口（输入），该进口商对每一辆进口车辆都持有当前有效的合格证书。独立的商业进口商将负责进行所有必要的改装、测试和标记，并提供与在美国销售的新车相同的排放担保。

环境保护署提供了一份经批准的独立商业进口商清单。车龄超过 21 年的车辆不受这些规定的约束，可以不经改装直接进口。

注意事项：

- 并非所有不符合标准的车辆都有资格进口，独立商业进口商也无需必定接受具有合格证书的车辆。

- 环境保护署对独立商业进口商的认证不能为独立商业进口商的行为或工作提供担保，也不监管与车主的合同协议和工作关系。

- 鉴于进口非美国版车辆的费用和可能产生的困难，环境保护署强烈建议潜在进口商仅购买美国版（有标签）车辆。

- 鉴于进口非美国版车辆的费用和可能产生的困难，环境保护署强烈建议非美国版车辆的当前车主在海外出售或以其他方式处置这些车辆，而不是将其装运和进口到美国。

- 在装运进口不符合标准的车辆之前，环境保护署强烈建议进口商或与独立商业进口商对车辆达成改装和测试的最终协议，或以书面形式获得环境保护署的进口批准。港口的仓储费昂贵，而且车辆可能无法进口。

- 环境保护署取消了对进口商车龄五年以上车辆的一次性豁免政策。
- 环境保护署认为传动系统或排放控制系统被改装过的美国版本车辆属于非美国版车辆，即使其可能被标记为美国版车辆。

可向以下单位索取更多信息：

Environmental Protection Agency
2000 Traverwood Drive
Ann Arbor, Michigan 48105
Attn: Imports Division
Tel.: 734.214.4100

最后提醒：为使不符合标准的车辆符合安全、保险杠或排放标准而进行的必要改装可能需要大量的工程设计，有可能不可行或无法做到，或耗费过于昂贵的劳动力和材料。因此强烈建议在购买进口车辆之前对这些改装先进行调查。

8.3.3　船舶安全标准

进口船只和相关设备受美国海岸警卫队安全条例或《1971 年联邦船只安全法》标准的约束。受标准管辖的产品必须贴上合规认证标签。某些船体还需要附上船体识别号。不符合标准的船只进口时须同时提交美国海岸警卫队的进口申报。更多信息可从华盛顿特区美国海岸警卫队司令处获得，邮编：20593。

8.3.4　应课关税

带入美国用于贸易或商业的船只不需纳税。非居民带到美国供自己游玩的游艇或游船也无需纳税。

居民所有或带到美国出售或租赁给居民的游艇或游船应纳税。更多信息可在美国海关和边境保护局的《游艇手册》中查询。

8.3.5　使用限制

在其他国家建造或注册的船只可在美国用于娱乐目的和美国对外贸易。然而，联邦法律禁止在沿海贸易中使用这类船只，即在美国各个地点之间运送旅客或货物，包括受雇运送垂钓队。关于使用他国制造或悬挂他国国旗的船只的问题，应提交至：

Chief, Cargo Security

Carriers and Immigration Branch

Office of Regulations and Rulings

U. S. Customs and Border Protection

1300 Pennsylvania Avenue, NW, Mint Annex

Washington, DC 20229

8.4　进口配额

进口配额是对进口商品在一定时期内的数量控制。配额由立法、指令和根据具体立法所发布的公告确定。大部分进口配额由美国海关和边境保护局管理。海关和边境保护局局长控制配额商品的进口，但无权更改或修改任何配额。

美国进口配额可以分为两类：绝对配额和关税税率配额。根据北美自由贸易协定（NAFTA），存在关税优惠层级，其管理方式与关税税率配额类似。

关税税率配额规定可以在一定期间内以较低的税率进口一定数量的配额产品。配额期内可输入的产品数量没有限制，但超出配额额度的产品需缴纳更高的税率。

绝对配额是定量的，也就是说，在配额期内，允许进入的数量不得超过规定的数量。一些绝对配额是全球性的，而另一些则分配给特定的国家。超过规定限额的进口商品，可以在下一个配额期开始前，将其置于对外贸易区或进入保税区仓储，也可以在海关和边境保护局的监督下出口或销毁。

一般适用于其他进口商品的海关和边境保护局程序，也适用于受配额限制的商品。

实行关税税率配额的商品，其配额状况不能在进口前确定。配额税率通常从配额期开始时对输入的此类商品开始征收，直到确定进口已接近配额水平时为止。随后，海关和边境保护局港务局长接到指示，要求按超额税率缴纳预估关税保证金，并报告每次进口的正式提交时间。然后,对配额完成的日期和时间作出最终决定,并相应地通知所有港务局长。

一些绝对配额总是在配额期开始时或之后不久被用尽。因此,每个配额在指定生效日期东部标准时间中午或其他时区的同等时间正式开放。当配额期开始时提出申请的这些进口商品的总数量超过配额时,将按比例放行商品,比例是配额数量与进口总数量之间的比率。这保证了配额的公平分配。

在以适当形式提交入境申报单或从仓库提取消费品申请并将商品置于港口限制范围内之前,商品不得被视为是为了确定配额优先权而提交的商品。

8.4.1 受海关和边境保护局配额管理的商品

根据《美国协调关税表》的规定,下列商品自《进口至美国——商业进口指南》出版之日起受到已生效配额限制。如有任何变动,可咨询当地海关和边境保护局官员。

也可通过联系以下机构获取信息:

Quota Staff

U.S. Customs and Border Protection

1300 Pennsylvania Avenue, NW

Washington, DC 20229

Tel.: 202.927.5850

8.4.2 关税税率配额

- 凤尾鱼
- 扫帚
- 高粱扫帚
- 乙醇
- 羊肉
- 线管
- 牛奶和奶油
- 橄榄

- 无核小蜜橘(柑橘)
- 金枪鱼
- 旱地棉花
- 盘条

8.4.3 《北美自由贸易协定》

6641 号总统公告实施了《北美自由贸易协定》,对下列符合条件的进口商品确定关税优惠级别:

8.4.3.1 墨西哥进口

- 99USN4(第 99 章,第 6 分章,美国注释 4)——牛奶和奶油;
- 99USN5——奶粉和奶油粉;
- 99USN6——奶粉和奶油粉;
- 99USN7——牛奶和奶油(甜炼乳和淡炼乳);
- 99USN8——奶酪;
- 99USN9——番茄;
- 99USN10——番茄;
- 99USN11——洋葱和小葱;
- 99USN12——茄子;
- 99USN13——辣椒;
- 99USN14——南瓜;
- 99USN15——西瓜;
- 99USN16——花生;
- 99USN18——糖(榨自甘蔗或甜菜);
- 99USN19——混合糖浆;
- 99USN20——糖(榨自甘蔗或甜菜);
- 99USN21——橙汁;
- 99USN22——橙汁;
- 99USN25——棉;
- 9906.96.01——扫帚;

- 《美国协调关税表》第 11 节附加美国注释——棉或人造纤维服装、羊毛服装、棉质或人造纤维织物及制成品、以及棉或人造纤维纱线。

8.4.3.2　加拿大进口

- 《美国协调关税表》第 11 节附加美国注释——棉或人造纤维服装、羊毛服装、棉质或人造纤维织物及制成品、以及棉或人造纤维纱线。

8.4.4　关税税率配额——关贸总协定

第 6763 号总统公告对下列关税税率商品实施《关贸总协定乌拉圭回合协定》：

- 2AUSN3（第 2 章,附加美国注释 3）——牛肉;
- 4AUSN5——牛奶和奶油;
- 4AUSN9——奶粉和奶油粉;
- 4AUSN10——乳制品;
- 4AUSN11——牛奶和奶油（甜炼乳或淡炼乳）;
- 4AUSN12——奶粉、奶油粉和干乳清（超过 224 981 千克）;
- 4AUSN18——加拿大切达干酪;
- 12AUSN2——花生;
- 17AUSN5——糖（包括甘蔗）;
- 17AUSN7——按干重计含糖量超过 65% 的物品,如 17AUSN2 所述;
- 17AUSN8——按干重计含糖量超过 10% 的物品,如 17AUSN3 所述;
- 17AUSN9——混合糖浆;
- 18AUSN1——可可粉;
- 18AUSN2——巧克力;
- 18AUSN3——巧克力和低脂巧克力屑;
- 19AUSN2——婴儿配方奶粉;
- 19AUSN3——调制品和面团;
- 20AUSN5——花生酱和花生糊;
- 21AUSN4——混合佐料及调味品;

- 21AUSN5——冰淇淋；
- 23AUSN2——动物饲料；
- 24ASUN5——烟草；
- 52AUSN5——棉；
- 52AUSN6——粗棉布；
- 52AUSN7——棉；
- 52AUSN8——棉；
- 52AUSN9——粗梳棉条；
- 52AUSN10——棉纤维。

8.4.5 关税税率配额：美以农产品贸易协定

6962 号总统公告实施了美国—以色列关于以下农产品的协定：

- 第 99 章,第 8 分章,美国注释 3——黄油、新鲜或酸奶油；
- 第 99 章,第 8 分章,美国注释 4——奶粉；
- 第 99 章,第 8 分章,美国注释 5——奶酪和奶酪替代品；
- 第 99 章,第 8 分章,美国注释 6——花生；
- 第 99 章,第 8 分章,美国注释 7——冰淇淋。

8.4.6 纺织品

美国海关和边境保护局对在指定国家制造或生产的某些棉花、羊毛、人造纤维、丝绸混合物和其他植物纤维制品实施进口管制。美国海关和边境保护局负责实施《特殊准入计划》和《安第斯贸易优惠法案》,对某些由美国塑形和切割的织物制成的产品进行管理。这些管理措施是依据《纺织品协定》执行委员会主席向美国海关和边境保护局局长发出的指示实施的。

有关具体进口管制的信息可从海关和边境保护局局长处获取。有关纺织计划的其他信息可从以下机构获得：

Statutory Import Programs Staff

Import Administration

U.S. Department of Commerce

Washington, DC 20230

8.4.7 纺织品签证和出口许可证要求

纺织品签证是外国政府在发票或出口管制许可证上盖章的背书。它用于控制向美国出口的纺织物和纺织产品,并禁止未经授权的商品进入美国。签证可以涵盖配额或非配额商品。相反,配额商品可能需要签证,也可能不需要签证,这取决于原产地。签证不能保证商品进入美国。如果配额期在外国签发签证和货物抵达美国期间关闭,则在配额再次开放之前,货物不得放行给进口商。

8.4.8 电子签证信息系统(ELVIS)

电子签证信息系统是纺织品签证信息从一个特定国家到美国海关和边境保护局的电子传输系统。

8.4.9 其他政府机构管理的配额或许可证

手表和手表机芯。对于进入美国的手表和手表机芯没有许可证或配额要求,除非手表和手表机芯是在所属岛屿领地(美属维尔京群岛、美属萨摩亚、关岛)生产的。根据《美国协调关税表》第 91 章的统计说明(91/5),商务部和内政部管理下的一项计划规定了在岛屿领地内组装的手表和手表机芯以免税方式进入美国的年度配额。许可证只颁发给已有的岛域生产商。有关岛域手表计划的更多信息可从以下机构获得:

Statutory Import Programs Staff

Import Administration

U.S. Department of Commerce

Washington, DC 20230

乳制品。某些乳制品受农业部管理的年度进口配额限制,只能根据农业部颁发的进口许可证以配额内税率进口。有关产品许可证的详细信息，或无许可证情况下可进口限定数量产品的条件，可从以下机构获得：

Dairy Import Group

Foreign Agricultural Service

U. S. Department of Agriculture

Washington, DC 20250

Tel.: 202. 720. 9439

以下产品若无进口许可证，可以超配额税率进口：

- 4AUSN6（第 4 章，附加美国注释 6）——黄油和新鲜或酸奶油；
- 4AUSN7——奶粉；
- 4AUSN8——奶粉或奶油粉；
- 4AUSN12——奶粉，奶油粉或乳清粉（上限 224 981 千克）；
- 4AUSN14——黄油替代品；
- 4AUSN16——奶酪和奶酪替代品；
- 4AUSN17——蓝纹奶酪；
- 4AUSN18——切达（Cheddar）干酪（加拿大切达干酪除外）；
- 4AUSN19——美式奶酪；
- 4AUSN20——伊丹（Edam）奶酪和高德（Gouda）干酪；
- 4AUSN21——意式奶酪；
- 4AUSN22——瑞士硬干酪或瑞士埃曼塔尔（Emmentaler）奶酪；
- 4AUSN23——奶酪及奶酪替代品；
- 4AUSN25——瑞士硬干酪或瑞士埃曼塔尔（Emmentaler）奶酪。

8.5 欺诈

民事和刑事执法规定

经修订的《1930 年关税法》第 592 节（《美国法典》第 19 卷 1592 条）一般规定，如果任何人以欺诈、重大过失或疏忽的方式,或通过一定材料和虚假的电子传输数据、书面或口头陈述;或通过文件、故意行为或重大遗漏,将商品进口/引进或试图进口/引进商品至美国商业市场,则应受到罚款;在特定的情况下,可以扣押这些个人的商品,以确保支付罚金,如果未支付罚金,则没收。

美国海关和边境保护局已将民事欺诈法规应用于美国和海外的个人和公司因疏忽大意、严重疏忽大意或故意提供有关进口至美国产品的虚假信息的案件。向美国海关和边境保护局官员提供虚假信息的个人也可能根据刑事欺诈法规受到制裁。《美国法典》第 18 卷第 542 节对涉及欺诈进口或试图欺诈进口的每一项违规行为规定了最高两年的监禁、罚款或二者兼而有之的惩罚。尽管国会最初颁布民事和刑事欺诈法规是为了阻止个人逃避向美国缴纳合法关税,但这些法规今天仍然适用,不管美国是否被剥夺了合法的关税权。

根据经修订的《1930 年关税法》第 596 节[《美国法典》第 19 卷 1595A(C)条],美国海关和边境保护局必须扣押和没收所有被盗、走私或秘密进口/引进的商品。美国海关和边境保护局还应扣押和没收管制物品、某些违禁品和不含探测剂的塑胶炸药。

在下列情况下,商品也可能被扣押和没收:

- 由于涉及健康、安全、文物保护法律相关的规定,商品进口受到限制或禁止;
- 商品缺少进口所需的联邦许可证;
- 商品或包装违反了版权、商标、商号或商业外观的保护性法令;
- 商品标记故意或多次重复违反原产地标记要求;或
- 进口商品受到数量限制,需要提供他国政府签证或类似文件,但与报关单一起提交的文件是伪造的。

与通常被称为洗钱的犯罪活动有关的联邦法律(例如,《美国法典》第 18 卷 1956 条)制定了刑事和民事规定,除罚款和监禁外,这些规定使政府能够起诉此类犯罪活动相关人员、扣押和没收涉及或可追溯至此类犯罪活动的财产。刑事处罚包括不超过 50 万美元的罚款或违法涉及的财产、资金或货币工具价值的两倍(以较大者为准),或监禁不超过 20 年,或两者并罚。此外,还将处以不超过 1 万美元的民事罚款,或违法行为涉及的财产、基金或货币工具的价值,(两者)以数额较大者为准。

美国移民和海关执法局的特工在美国各地以及世界主要贸易中心对刑事欺诈、民事欺诈和洗钱开展执法行动。任何进口至美国的商品如涉嫌或已知违反法律,可通过拨打 1-800-BE ALERT(1.800.232.5378)免费电话匿名举报。多种类型的欺诈举报都将受到奖励。

定义

第9章

对外贸易区

对外贸易区是美国海关辖区以外的合法安全区域。它们的目的是吸引和促进国际贸易和商务。贸易区分站点是为无法在公共区域站点有效运营的公司提供的专用设施。

外贸区通常位于海关和边境保护局入境口岸、工业园区或码头仓库设施内或附近。这些区域必须在距离入境口岸范围60英里或90分钟的行程时间内,而分站点则不受此限制。分站点位于对外贸易区用户的私人场地内。

只要能证明拟进行的经营活动合法且不损害公共利益,即可获得商务部下属的对外贸易区委员会的授权在这些区域内开展经营活动。根据《1934年对外贸易区法案》,对外贸易区委员会审查和批准设立、经营和维护对外贸易区的申请。

美国海关和边境保护局负责促进对外贸易区活动的开展,确保其安全,控制进出对外贸易区应纳税商品,保护和征收税款,确保不存在规避或违反美国进出口商品法律法规的行为,并确保外贸区的计划不会遭受恐怖活动袭击。值得注意的是,尽管就关税和进口而言,外贸区被视为在美国关税领土之外,但诸如《联邦食品、药品和化妆品法案》等所有其他联邦法律都适用于这些对外贸易区内的产品和机构。

计划在美国开设或扩大经销店的外国出口商可以将其货物运往美国的一个外贸区,在等待美国或附近国家利好市场的同时,无限期持有该货物。在此期间,他们的货物将不受海关和边境保护局入境、支付关税、其他税款或保证金的要求。

9.2　货物处置

合法带入这些区域的商品可以储存、出售、展示、分解、重新包装、组装、分发、归类、测试、修理、取样、回收、重新贴标签、销毁、加工、分级、清洗、与外国或国内商品组合，或以其他方式操作或制造。进口供园区使用的建筑材料、生产设备等商品，可以在作为消费进口前先行收运组装。关税将延迟支付，直到此类设备在对外贸易区委员会授权的活动中作为生产设备投入使用。

对外贸易区委员会认为对社会公共利益、健康或者安全有害的货物、加工工艺、处理方法，可以随时将其排除出园区。由此产生的任何商品都必须出口。

当外国货物以外国特权商品状态被允许进入外贸区时，进口商可以选择以货物进入园区时的状态办理关税业务。通过选择这一状态，进口商在申请外国特权商品地位时"冻结"了货物的税率和关税归类。无论商品何时进入美国关税区，都适用在选择作为外国特权商品时生效的关税率，即使其状态或形式可能因在该区加工而改变。如果选择非特权外国商品状态，进口商选择将商品按照其从该区建设性地转运到美国海关领土并作为消费品进口时的状态和数量缴纳关税。

在大多数情况下，进口商会选择冻结商品进入园区时的状态。由于某些贸易要求，如反倾销和反补贴税方面的考虑，对外贸易区委员会可要求将某些商品置于外国特权商品状态。就海关业务或其他业务而言，商品以园区限制状态进入园区后，可被视为出口；但是，以园区限制状态进入园区的商品必须仅仅是为了出口、销毁（销毁蒸馏酒、葡萄酒和发酵麦芽酒除外）或储存。

对于进入美国市场的外国商人来说，外贸区的一个重要特征是进入园区的货物可立即进入市场，从而确保立即交货，避免由于运输延误而导致的订单取消。

利用国内外物资在区内联合生产物品，不需要将国内物资运往国外制造，也不需要为因此进口的外国物资缴纳关税或者提供担保。涉及此类加工或制造的外国货物的关税仅根据包含在货物中、并从园区转移进入美国市场的外国货物的实际数量计算。对因制造或操作而产生的不可回收的废物给予补贴，从而免除除实际进口物品之外的税款。可回收废物将被赋予国外特权商品状态，并根据其进入该区时的状况和进入美国商业市场的数量进行征税。

《对外贸易区法案》还允许在园区内展览商品。可无限期使用园区设施以完整展示外国商品,无需出口或缴纳关税。展示的商品将由经营者担保。因此,园区内的货物所有人可以在储存货物的地方展示货物,建立自己的陈列室,或与其他进口商一起在永久性展览中展示货物。进口商也可以在园区按批发数量从库存中出售货物。但园区内禁止零售贸易。

国内商品可以被带进外贸区,如果按照规定保持其原有状态,则可以免配额、免关税或其他税收返回关税区,即使在外贸区内,该商品可能与其他物品合并或构成其他物品的一部分。然而,国内蒸馏酒、葡萄酒和啤酒以及少数其他种类的商品在园区内通常不可加工。

9.3 优势

在外贸区内进行加工和制造可以节省成本。例如,许多散装运输到某个外贸区的产品可以进行干燥、归类、分级、清洁、装袋或包装,从而通过产品水分蒸发或清除污物和剔除劣质品节省关税和其他税款。损坏的包装或破损的瓶子可以从包装的或瓶装的货物中移除。如果货物在运输过程中或储存在园区时蒸发,桶或其他容器的灌装物可以重新计量,从而节省成本,因为丢失或移除的部分不需缴纳关税。换言之,桶或其他容器的灌装物可以在转移到海关辖区时进行计量,以确保不会对因蒸发、泄漏、破损或其他原因而损失的任何部分征收关税。也可以在保税仓库内进行计量。

也可以通过将未组装或拆卸的家具、机械等运输到外贸区并在该区域内组装或重新组装而节省运输费用、关税和税收。

其他符合标准的商品可在外贸区内(或保税仓库内)重新标记或重贴标签,以符合进入美国商业市场的要求。不允许在外贸区内进行具有误导性的重新标记或重贴标签。在某些情况下,不合格的食品和药品可以进行再处理,以满足《食品、药品和化妆品法》的要求。

对于外国商品在外贸区的储存时长或何时必须进入美国关税区、再出口或销毁没有限制。

9.4 保税仓库货物转移

美国海关和边境保护局保税仓库中的外国商品可以在其在保税仓库中的保留

期到期之前随时转移到对外贸易区,但这种转移只能用于最终出口、销毁或永久储存。

当外国商品从海关和边境保护局保税仓库转移到某个外贸区时,保证金将被取消,与纳税或必须再出口商品有关的所有义务也将终止。同样,存放在国内税务保税仓库的国内商品的所有人可以将其商品转移到外贸区并取消保证金。此外,以园区限制状态进入园区的国内货物,在进入该区域后,被视为出口货物,适用于消费税和国内税收退税。在美国关税区经营的制造商,如果在其产品中使用应纳税的进口材料,在将产品转移到出口区并遵守适当的法规后,也可以获得退税或取消保证金。

有关美国对外贸易区及其所在地的一般信息可从以下机构获得:

Foreign-Trade Zones Board
Department of Commerce
Washington, DC 20330

有关海关和边境保护局在对外贸易区所担责任的法律方面的问题,应向以下机构提出:

Chief, Cargo Control
U. S. Customs and Border Protection
Washington, DC 20229

有关此类责任的执行方面的问题应提交给相应的海关和边境保护局港务局长。《对外贸易区手册》可从华盛顿特区美国政府印刷局文件主管处购买,邮编:20402。订购时,请提及美国海关和边境保护局 0000—0559 号出版物。

《外贸易区手册》也可在美国海关和边境保护局网站 www. cbp. gov 上查阅或下载。

附　录

F.1　发票

§141.83 所需发票类型。（a）—（b）［保留］

（c）商业发票

（1）对于本节（d）款未豁免的每批商品，应提交商业发票。商业发票应按照行业惯例编制，包含 141.86 条至 141.89 条要求的信息，并证实 141.61(e) 条要求的统计信息均在报关单、入境申报单或提货文件中提供。

（2）港务局长可接受所需商业发票的副本，以代替正本。副本（影印或照相副本除外）应包含外国卖方、托运人或进口商证实其为真实副本的声明。

（d）无需商业发票

提交本条所列商品的报关单、入境申报单或提货文件时，无需提供商业发票。但是，进口商应提交其可能持有或可获得的与商品有关的任何发票、备忘录发票或账单。如果没有可用的发票或账单，则按照 141.85 条的规定提供形式发票（或替代发票），并应包含足以检查商品和确定关税的信息，以及可用于验证 141.61(e) 条所要求用于统计目的的信息和文件。适用上述要求的商品如下：

（1）［保留］

（2）不打算以进口状态或以任何其他形式出售或用于任何商业用途的商品，商品的进口除进口商外，未授权任何其他人。

（3）—（4）［保留］

（5）根据《美国协调关税表》（《美国法典》第 19 卷 1202 条）子目 9802.00.40 和子目 980.200.60 的规定，为修理或改动而出口后返回美国的商品。

（6）货物运到国外，未交付给收货人，并返回美国。

（7）自进口之日起六个月内，在海关持续监管下出口的商品。

（8）发送给美国政府任何机构或以其名义输入的商品。

（9）接受评估进口的商品。

（10）临时进入美国关境的保税商品或永久性展览的保税商品。

（11）《1930 年关税法》第 466 节（《美国法典》第 19 卷 1466 条）中规定的商品，涉及某些设备、修理零件和船舶用品。

（12）作为进口承运人的补给、储备和设备进口的商品，随后根据经修订的《1930 年关税法》第 446 节（《美国法典》第 19 卷 1466 条）进行进口。

（13）从船上卸下并交付消费的压舱物（不包括用于压舱的货物）。

（14）因在对外贸易区加工或制造而产生的商品，不论是特权商品还是非特权商品。

（15）大宗进口的谷物或种子中包含的筛屑。

（财政部第 73 - 175 号决议、《联邦公报》第 38 卷第 17447 页，1973 年 7 月 2 日，经财政部第 78 - 53 号决议修订，《联邦公报》第 43 卷第 6069 页，1978 年 2 月 13 日修订；财政部第 79 - 221 号决议，《联邦公报》第 44 卷第 46820 页，1979 年 8 月 9 日；财政部第 82 - 224 号决议，《联邦公报》第 47 卷第 53728 页，1982 年 11 月 29 日；财政部第 84 - 213 号决议，《联邦公报》第 49 卷第 41184 页，1984 年 10 月 19 日；财政部第 85 - 39 号决议，《联邦公报》第 50 卷第 9612 页，1985 年 3 月 11 日；财政部第 89 - 1 号决议，《联邦公报》第 53 卷第 51256 页，1988 年 12 月 21 日；财政部第 93 - 66 号决议，《联邦公报》第 58 卷第 44130 页，1993 年 8 月 19 日；财政部第 94 - 24 号决议，《联邦公报》第 59 卷第 13200 页，1994 年 3 月 21 日；财政部第 97 - 82 号决议，《联邦公报》第 62 卷第 51771 页，1997 年 10 月 3 日）

注意：海关于 1982 年 3 月 1 日起不再要求特殊发票。但特殊发票仍可以使用。如果使用商业发票，必须由卖方和托运人或其代理人签字。

F.2　附加信息

§141.89 部分商品类别的附加信息：

（a）根据《美国协调关税表》（HTSUS）商品归类，下列类别商品的发票应列出规定的附加信息：（财政部第 75 - 42 号决议、第 75 - 239 号决议、第 78 - 53 号决议、第 83 - 251 号决议、第 84 - 149 号决议。）

铝和铝合金，归类于《美国协调关税表》子目 7601. 10. 60、7601. 20. 60、7601. 20. 90 或 7602. 00. 00（财政部第 53092、55977、56143 号决议）——说明物品中所含任何金属元素的重量百分比。

由纺织材料制成的物品,用塑料或橡胶涂层或层压,归类于第 39、40 和 42 章——包括织物是在两面、外表面或内表面上涂层还是层压的说明。

塑料薄膜袋,非加固或层压结构,归类于第 39 章或品目 4202 下——说明塑料薄膜的规格。

滚珠或滚柱轴承,归类于《美国协调关税表》子目 8482.10.50 至子目 8482.80.00 (财政部第 68-306 号决议)——(1)轴承类型(即滚珠轴承或圆柱轴承);(2)滚柱轴承可分为球状轴承、锥形轴承、圆筒形轴承、滚针轴承或其他轴承;(3)组合轴承(既包含滚珠轴承又包含圆滚柱轴承,等等);以及(4)滚珠轴承(不包括带整体轴的滚珠或滚珠轴承部件),不论其是否为径向的,可按以下归类:①每个轴承的外径;以及②是否为径向轴承(就海关而言,径向轴承的定义是主要设计用于支撑垂直于轴线的载荷的减摩轴承)。

珠子(财政部第 50088,55977 号决议)——(1)如果为串珠,说明绳子的长度;(2)珠子的尺寸,单位为毫米;(3)珠子所用的材料,如象牙、玻璃、仿珍珠等。

床单和床罩——须说明物品是否包含任何刺绣、花边、编织、镶边、装饰、滚边或贴花。

化学品——提供化学品的用途及其在《美国协调关税表》第 27、28 和 29 章中的《化学文摘社》登记号(CAS 号)。

颜料、染料、染色剂和相关产品(列于《美国协调关税表》品目 3204 下)——需要以下信息:(1)产品发票名称;(2)产品商号名称;(3)每种成分的名称和重量百分比;(4)颜色索引号(如果没有,则说明);(5)颜色索引类名(如果没有,则说明);(6)活性成分《化学文摘社》登记号;(7)商品类别〔说明是否酸性染料、碱性染料、分散染料、荧光增白剂、可溶性染料、还原染料、墨粉或其他(描述)〕;(8)应用于何种材料(说明颜料、染料或墨粉的着色对象名称)。

铜制品(财政部第 45878,50158,55977 号决议),可根据《美国协调关税表》第 74 章规定归类的铜制品——铜制品重量的说明,以及可根据铜含量归类的制品中铜含量和所有其他元素(按重量计)的百分比的说明。

铜矿石和精矿(财政部第 45878,50158,55977 号决议),可按照《美国协调关税表》品目 2603 和子目 2620.19.60、2620.20.00、2620.30.00 和品目 7401 归类的铜矿石及其精矿——说明铜含量和其他金属元素的重量百分比。

棉织品,可依照《美国协调关税表》品目 5208、5209、5210、5211,以及 5212 归类的棉织品,需要以下信息:(1)装运包裹上的标记;(2)装运包裹编号;(3)客户的电话号码(如有);(4)商品的确切宽度;(5)商品的详细说明;商号(如有);是否漂白、未漂白、印花、由异色纱线制成或染色的;如由棉花和其他材料制成的,说明每种成分材料的重量百分比;(6)每平方厘米单股线数(所有股线必须按照纱线中单股线的根数计算;说明:一平方厘米内有 100 股两股线的布,必须报告为 200 股单股线);(7)每平方米的准确重量,以克为单位;(8)平均纱线数采用以下公式:

$$\frac{100 \times (每平方厘米单纱总量)}{(每平方米克数)}$$

(9)经纱尺寸;(10)纬纱尺寸;(11)注明纱线是精梳还是粗梳;(12)纬纱的颜色或者品种(不同的纱线尺寸或者原料)数量;(13)说明织物是否起毛;(14)说明编织类型,例如,平面、斜纹、缎面、牛津棉布等;(15)说明编织机类型:是否是提花机(Jacq),转环机(Swiv),翻边机(Lpt),多臂机(Dobby)。

原棉有关发票所需的其他信息,请参见《美国协调关税表》。

棉废料(财政部第 50044 号决议)——(1)已知棉废料的名称,例如"粗梳棉条""精梳棉废料""棉絮废料"等;(2)发票包含的任何棉条的主体部分长度是否小于3.016 厘米(13/16 英寸)或等于 3.016 厘米(13/16 英寸)或更长。

陶器或瓦器,由非硝化吸收体(包括白色花岗岩、半瓷陶器和米色陶器、粗陶器和赤土,但不包括普通的棕色、灰色、红色或黄色陶器)组成,有凸饰或无凸饰;普通的盐釉粗陶器;粗陶器或陶器坩埚;罗金汉(Rockingham)陶器;陶瓷餐具、瓷器或其他玻璃化器皿,由玻璃化的非吸收体组成,破碎时显示玻璃化的、玻璃质的、半玻璃化的或半玻璃质的断裂;以及陶瓷素烧坯或帕罗斯岛器皿(财政部第 53236 号决议)——(1)如果按套装运,说明装运中每套物品的种类和装运中每套物品的数量;(2)装运的所有盘子的每种尺寸的准确最大直径,单位为厘米;(3)装运中每种类型和尺寸的盘子、杯子、碟子或其他单独物件的单位价值。

鱼或鱼肝(财政部第 50724、49640、55977 号决议)以密封容器进口,归类于《美国协调关税表》第 3 章:(1)说明物品是否含有油、脂肪或油脂;(2)所有这类油、脂肪或油脂的名称和数量。

鞋类,可依照《美国协调关税表》品目 6401 至品目 6405 归类——

(1)制造商的款式编号;

(2)进口商款式及/或存货编号;

(3) 鞋帮外表面所含成分的百分比(不包括皮革增强件和附件),即:

皮革   a. _____%

合成革   b. _____%

橡胶和/或塑料   c. _____%

纺织材料   d. _____%

其他(单独给出每种材料类型百分比)

      e. _____%

      f. _____%)

(4) 外底外表面所含成分的百分比(不包括皮革增强件和附件),即:

皮革   a _____%

合成革   b _____%

橡胶和/或塑料   c _____%

纺织材料   d _____%

其他(单独给出每种材料类型百分比)

      e _____%

      f _____%

如果您选择回答下面从 A 到 Z 的所有问题,可以跳过此部分:

I. 如果 3(a)大于 3 中的任何其他百分比,如果 4(a)大于 4 中的任何其他百分比,回答问题 F、G、L、M、O、R、S 和 X。

II. 如果 3(a)大于 3 中的任何其他百分比,如果 4(c)大于 4 中的任何其他百分比,回答问题 F、G、L、M、O、R、S 和 X

III. 如果 3(a)加 3(b)大于 3 和 4(d)中的任何单个百分比,4(e)或 4(f)大于 4 中的任何其他百分比,停止。

IV. 如果 3(c)大于 3 中的任何其他百分比,如果 4(a)或 4(b)大于 4 中的任何其他百分比,停止。

V. 如果 3(c)大于 3 中的任何其他百分比,如果 4(c)大于 4 中的任何其他百分比,回答问题 B、E、F、G、H、J、K、L、M、N、O、P、T 和 W。

VI. 如果 3(d)大于 3 中的任何其他百分比,如果 4(a)加 4(b)大于 4 中的任何单个百分比,回答问题 C 和 D。

VII. 如果 3(d)大于 3 中的任何其他百分比,如果 4(c)大于 4 中的任何单个百分比,回答问题 A、C、J、K、M、N、P 和 T。

VIII. 如果 3(d)大于 3 中的任何其他百分比,如果 4(d)大于 4 中的任何其他百分比,回答问题 U、Y 和 Z。

IX. 如果物品是纸做的,回答问题 V 和 Z。

如果物品不符合上述 I 到 IX 的任何情况,请回答以下所有 A 到 Z 的问题:

A. 鞋帮外表面积百分比(包括皮革增强件和附件)。

皮革_____%

B. 鞋帮外表面积的百分比(包括皮革增强件和附件)。

橡胶_____%

和/或塑料_____%

C. 橡胶和/或塑料的重量百分比为_____%

D. 纺织材料加上橡胶和/或塑料的重量百分比为_____%

E. 是否防水?

F. 是否有保护性的金属鞋头?

G. 是否能覆盖穿鞋者的脚踝骨?

H. 是否会遮住穿鞋者的膝盖?

I. [保留]

J. 设计目的是否为了防止水、油、油脂、或化学品或寒冷或恶劣天气?

K. 是否无带(或无扣)便鞋?

L. 是下坡滑雪靴还是越野滑雪靴?

M. 是否属于滑雪靴以外的体育运动专用鞋?(第 64 章子目注释定义了体育运动鞋。)

N. 是否网球鞋、篮球鞋、健身鞋或训练鞋,诸如此类?

O. 是否木制鞋底或鞋台?

P. 是否露趾或露脚跟?

Q. 是否由(唇形鞋垫)贴边结构制成?

R. 是否内翻鞋?

S. 是否为男性、男童或青少年男性专用?

T. 是否由完全粘合结构制成?

U. 按重量计,鞋帮的纤维成分主要是植物纤维吗?

V. 是否可抛性用品，即一次性使用？

W. 是否日本草鞋？

X. 鞋帮皮革是否猪皮？

Y. 鞋底和鞋帮是否毛毡制成？

Z. 外底和鞋帮之间是否有分界线？

出口商、制造商或托运人可在海关和边境保护局表 5523 填报以上信息或以其他适当形式提供上述信息。

此外，如果根据以下其中一个子目归类，进口商或其授权代理人必须提供以下信息，如下所示：

如果按照子目 6401.99.80、6402.19.10、6402.30.30、6402.91.40、6402.99.15、6402.99.30、6404.11.40、6404.11.60、6404.19.35、6404.19.40 或 6404.19.60 归类：

是否有护边或类似护条？ 如有，说明其材料。

除在脚趾前部和（或）脚跟后部，鞋底是否与鞋帮重叠？

定义上述问题 A 至 Z 中使用的某些术语：在本节中，以下术语具有以下近似定义。如果需要一个更完整的定义或决定其是否适用于某一特定物品，标记人或备案进口商（或其代理人）应在物品入境前与海关和边境保护局联系。

a. 在完全粘合结构中，如果所有的黏合剂、胶合剂和胶水都溶解了，那么底部的所有部分将与鞋帮脱离或彼此散落。这一情况包括鞋帮各部分相互缝合、但未与底部任何部分缝合的鞋子。示例包括：

（1）硫化鞋；

（2）一体成型鞋；

（3）模制鞋，其中鞋帮和底部是一块模制橡胶或塑料，以及

（4）主要或辅助采用钉书钉、铆钉、缝线或上述任何方法缝合的鞋类，尽管粘合剂是底部不会与鞋帮分离的主要原因。

b. 合成革是将皮革纤维或小块天然皮革粘合在一起制成的。不包括不基于天然皮革的人造革。

c. 皮革是任何动物被鞣制的皮肤，从中除去软毛或毛发。只有在该材料具有皮革的基本特性的情况下，涂有或层压橡胶和（或）塑料的鞣制皮才属于"皮革"。

d. 分界线是指能清楚划分鞋底终点和鞋帮起点的界线。例如，针织靴通常没

有分界线。

e. 男性、男童和青少年男性专用鞋的尺码包括 11 号及以上美国青年男鞋,不包括男女通用的鞋。如果某一特定尺码的鞋中超过 4% 的鞋是女性穿的,那么这种尺码为"男女通用"。

f. 所谓专门设计为防止水、油、寒冷或恶劣天气的鞋具,与普通同款鞋相比,必须针对这些情况对足部具有更大的保护作用。例如,和赤脚相比,一双牛津革的鞋明显能使你的脚更温暖和干燥,但它们不符合本定义中的防护含义。而雪地慢跑鞋则是非保护性的慢跑鞋的保护型。

g. 橡胶和(或)塑料制品包括任何外表明显涂有(或覆盖)橡胶和(或)塑料(一种或两种)材料的纺织材料。

h. 无带(或无扣)便鞋包括:

(1)必须经拉拔才能穿上的靴子。

(2)鞋面中心部分有弹性、必须拉伸才能穿上的鞋,但不是一块单独的弹性织物,在脚或脚踝周围形成一个完整的圈。

i. 体育运动鞋仅包括:

(1)专为体育活动设计的鞋,带有或可安装鞋钉、无头钉、防滑钉、挡块、夹子、横杠或类似的附件。

(2)滑冰靴(不带冰刀)、滑雪鞋和越野滑雪鞋、摔跤鞋、拳击鞋和自行车鞋。

j. 网球鞋、篮球鞋、健身鞋、训练鞋等涵盖了体育运动鞋以外的运动鞋,不论该鞋是否主要用于此类运动比赛或此类运动用途。

k. 纺织材料指由棉花、其他植物纤维、羊毛、头发、丝绸或人造纤维制成的材料。

注:软木、木材、纸板和皮革不是纺织材料。

l. 内翻鞋是将鞋帮反面朝外缝合到真皮鞋底,然后将鞋翻转过来正面朝外的鞋款。

m. 植物纤维包括棉花、亚麻和苎麻,但不包括人造丝或编织材料,如藤条或木条。

n. 防水鞋包括设计用于防止水或其他液体渗透的鞋,无论此类鞋的主要设计目的是否为防水。

o. 贴边鞋是指在外底边缘周围延伸的带有贴边的鞋结构,其中贴边和鞋帮被缝到内底表面的边沿,外鞋底被缝或粘合到贴边上。

p. 日本草鞋的鞋帮只由成型橡胶或塑料制成的带子或人字带组成。这种鞋帮是通过塞子组装到成型橡胶或塑料鞋底上的。

毛皮产品和毛皮(财政部第 53064 号决议)——(1)生产毛皮的动物名称[如《毛皮产品名称指南》《美国联邦法规》第 16 卷 301.0 条)中所述,以及《毛皮产品标签法案》第 7(c)条所要求的合格说明];(2)如果毛皮产品包含用过的毛皮或由用过的毛皮组成,须说明;(3)如果毛皮制品中含有漂白、染色或者其他人工染色的毛皮或者由上述毛皮组成,须说明;(4)如果毛皮制品全部或者大部分由爪、尾、腹、或废毛皮组成,须说明;(5)毛皮制品生产企业的名称、地址;(6)毛皮或者毛皮制品的原产地名称。

玻璃器皿和其他玻璃制品(财政部第 53079、55977 号决议),归类于《美国协调关税表》第 70 章——说明成套产品中各单品的价值。

手套——归类于子目 6116.10.20 和子目 6216.00.20——须说明物品两侧是否用塑料覆盖。谷粒或谷粒和筛屑混合物(财政部第 51284 号决议)——提交海关和边境保护局关于农作物谷粒或谷粒及筛屑混合物的发票上,须说明谷物中不包含筛屑,或者,如果包含筛屑,须说明货物中与谷物混合的筛屑的百分比。

手帕——(1)说明商品的准确尺寸(长度和宽度);(2)如果是棉的,说明手帕是否有折边,是否有花边或刺绣。

帽子或头饰——(1)如果归类于《美国协调关税表》子目 6502.00.40 或子目 6502.00.60,则说明物品是否漂白或上色;(2)如果归类于《美国协调关税表》子目 6502.00.20 至 6502.00.60 或子目 6504.00.30 至 6504.00.90 归类,则应说明该物品是否未进行了缝合,是否未包含任何装饰或修饰镶边。

袜类——(1)说明单纱尺寸是否小于 67 分特。(2)说明袜长是全长、膝盖长度还是低于膝盖长度。(3)说明是否有花边或网状结构。

铁或钢,可归类于《美国协调关税表》第 72 章或品目 7301 至 7307(财政部第 53092、55977 号决议)——以工厂分析或工厂实验证书的形式,说明物品中含碳量和任何金属元素的重量百分比。

氧化铁(财政部第 49989、50107 号决议)——适用于减税的氧化铁,需说明氧化物的制备方法以及专利号(如有)。

机器、设备和仪器——《美国协调关税表》第 84 和 85 章——说明每种机器的使用或操作方法。

　　机械零件(财政部第 51616 号决议)——说明该零件将用于何种机器类型,或者如果托运人不知道,说明零件适用的机器类型。

　　机床:(1)归类于品目 8456 至 8462 的机床——如配备 CNC(计算机数控)或 CNC 的面板(电气接口),必须对此进行说明;(2)归类于品目 8458 至 8463 的机床——如经使用或改装,必须予以说明;(3)归类于子目 8456.30.10 的电火花加工机(放电加工机)——如果是动丝(线切割)类型必须说明。电火花加工——用铜线或黄铜丝作电极;(4)归类于子目 457.10.0010 至 8457.10.0050——加工中心。必须说明是否有 ATC(自动换刀器)。带有 ATC 的垂直主轴机床中心也必须说明 Y 向行程;(5)归类于子目 8458.11.0030 至 8458.11.00.90——卧式车床;数控。必须标明主轴电机的额定功率(马力或千瓦)。采用连续使用的功率等级,而非 30 分钟功率等级。

　　马德拉刺绣(财政部第 49988 号决议)——(1)关于所用材料,须提供:(a)生产国;(b)块料的宽度;(c)制造商名称;(d)材料种类,注明制造商的质量编号;(e)每项所用物料的到岸成本;(f)下单日期;(g)发票日期;(h)以购买货币表示的发票单位价值;(i)从购买价格中扣除允许的折扣(如有);(2)对于完成的刺绣品,须提供:(a)制造商名称、设计编号和质量编号;(b)进口商的设计编号(如有);(c)成品尺寸;(d)每单位数量的刺绣点数;(e)达到发票所涵盖商品的价值价格时产生的间接费用和利润总额。

　　电影——(1)说明每部电影的英尺长度、片名和主题;(2)托运人、摄像师或其他知情人士的声明,确认影片与发票相符,并声明就其所知和所信,基础胶片是在国外曝光并回国用作新闻影片;(3)进口商声明他相信他所进口的影片是前一声明所涵盖的影片,并且该影片拟用作新闻片。

　　纸可归类于第 48 章——纸产品发票应包含以下信息,或附有包含此类信息的规格表:(1)纸张的重量,单位为克每平方米;(2)厚度,以微米为单位;(3)如以矩形纸张进口,说明纸张长、宽,以厘米为单位;(4)如以条状或卷状进口,说明宽度,以厘米为单位。如以卷状进口,说明卷的直径,以厘米为单位;(5)说明纸张是否有涂层或者浸渍,以及所用材料;(6)涂料的重量,单位为克/每平方米;(7)机械法、化学硫酸盐法、纯碱法、化学亚硫酸盐法或半化学法(视情况而定)加工所含木质纤维占纤维总含量的重量百分比;(8)商业名称,如"写作""封面""绘图""布里斯托尔卡板纸"

"新闻纸"等；(9)含灰量；(10)颜色；(11)上釉或抛光；(12)马伦破裂强度和马伦指数；(13)纵向和横向拉伸系数；(14)撕裂和拉伸读数；纵向、横向和纵向加横向；(15)如符合条件，将纤维标识为"硬木"；(16)抗压性；(17)亮度；(18)平滑度；(19)如果漂白，是否均匀；(20)是否压花、穿孔、皱褶或起皱。

塑料板、片、膜、箔和条带归类于品目 3920 和 3921 下——(1)说明塑料是蜂窝还是非蜂窝；(2)塑料品种的规格；(3)说明是否柔软，是否与纺织物或者其他材料结合。

印刷品可按照第 49 章归类——归类于以下品目的印刷品进口，发票上应包含或随发票附上以下信息：(1)品目 4901——(a)书籍是否属于：词典、百科全书、教科书、装订的报纸或杂志或期刊、名录指南、圣经或其他祈祷书、技术、科学或专业书籍、美术或图画书或"其他"书籍；(b)如属"其他"书籍，是精装本还是平装本；(c)如果是平装版"其他"书籍，除标明书籍尺寸外，还需说明页数(不包括封面)。(2)品目 4902——(a)该杂志或期刊是否每周至少出四期。如该刊物或期刊并非每周至少出四期，则说明该刊物或期刊是否以凹印方式印出的报纸增刊、报纸、商业/专业杂志/期刊，或不属于以上任何一类；(3)品目 4904——印刷或手稿乐谱是否为活页乐谱，未装订(订书机装订或折叠除外)；(4)品目 4905——(a)是否为地球仪；(b)如非地球仪，是否以书的形式出版；(c)是否有任何形式的浮雕；(5)品目 4908——是否可玻璃化；(6)品目 4904——是否为明信片、贺卡或其他；(7)品目 4910——(a)是否用石版印刷法印刷在纸上；(b)如以石版印刷方法印在纸张上，则说明纸张厚度，以毫米计；(8)子目 4911.91——(a)印刷至进口，起讫时间是否超过 20 年；(b)如果印刷至进口的起讫时间未满 20 年，说明是否适用于生产品目 4902 下的物品；(c)如果印刷至进口的起讫时间未超过 20 年，且不适用于生产品目 4902 下的物品，则说明该商品是否为纸或纸板上的石版印刷品；(d)如属纸或纸板上的石版印刷品，则紧接前一条款的描述，说明该纸或纸板的厚度，以及是否为海报；(e)所有情况下都要说明是否属于海报；(f)所有情况下都要说明是否属于照片底片或透明基片上的正片；(9)子目 4911.99——如非英文或法文的单证册或其部分，是否以平版印刷方法全部或部分印在纸上。

纸浆可按照第 47 章归类——(1)品目 4702 中化学木浆、溶解行业的发票，应说明在 20℃含 18%氢氧化钠(NaOH)的烧碱溶液中一小时后不溶部分(以百分比表示)；(2)子目 4702.00.0020——属于本子目归类下的进口纸浆，应另在发票上或随发票附上按重量百分比说明含灰量。

制冷设备(1)可归类于子目 8418.10.00 的冷藏冷冻箱和(2)可归类于子目 8418.21.00 的冰箱——(a)说明是压缩型还是吸收型;(b)其他冷藏量(升)的说明;(3)可归类于子目 8418.30.00 和子目 8418.40.00 的冷冻柜——说明它们是箱式还是立式;(4)液体冷冻,除非可根据子目 8418.69.0045 至 8418.69.0060 的规定归类,否则应说明其是否为离心敞开式、离心密封式、吸收式或往复式。

轧机——子目 8455.30.0005 至 8455.30.0085。轧机辊:说明辊的灰铸铁、铸钢或其他材料的成分以及每一辊的重量。

橡胶制品参照第 40 章归类——(1)说明是否与纺织品或其他材料结合;(2)说明橡胶是蜂窝的还是非蜂窝的、未硫化的还是硫化的,如果是硫化的,说明橡胶是硬橡胶还是非硬橡胶。

谷物或种子的筛屑或麸皮(财政部第 51096 号决议)——(1)商品是否筛网筛后物;(2)如果是,是否在这种商品中添加了任何栽培谷物;(3)如果有添加,则说明每种谷物的种类和百分比。

纺织纤维产品(财政部第 55095 号决议)——(1)纺织纤维产品中的组成纤维或纤维组合,如果这种纤维的重量占产品总纤维重量的 5％或更多,则按重量递减的顺序用其通用名同等突出地标明纺织纤维产品中的每种天然或人造纤维;(2)每种纤维占纺织纤维产品总纤维含量的重量百分比;(3)产品制造商或《纺织纤维产品识别法案》第 3 条(《美国法典》第 15 卷 70a 条)规定的一个或多个产品相关人员的名称或联邦贸易委员会发布和注册的其他识别信息;(4)加工、制造国家的名称。另请参见下文的"服装"。

橡胶或塑料制的轮胎和轮胎管——(1)明确轮胎专用的交通工具类型,即飞机、自行车、轿车、公路轻型或重型卡车或公共汽车、摩托车;(2)为子目 8701.90.10 下的拖拉机或者第 84 章及子目 8716.80.10 下的农业机械、园艺机械、农具所设计的,应当标明轮胎是新的、翻新的还是旧的;是充气轮胎或实心轮胎;(3)说明轮胎管是否设计用于子目 4011.91.10、4011.99.10、4012.10.20 或 4012.20.20 下所涵盖的轮胎。

烟草(包括处于自然状态的烟草)(财政部第 44854、45871 号决议)——(1)详细说明每包烟草的特性,提供以下信息:(a)原产国和省份,(b)生产年份,(c)每包中的烟草一个或多个等级,(d)如每包中包含多个等级的烟草,标明每种等级的烟草筒数或磅数，(e)购买时间、地点及供货商，(f)每捆或每包已支付或将要支付的价格，或每块烟田或每批货的批量购买价格，或如果不是通过购买获得的，说明每包的实际市场价值。(2)如果发票涵盖或包括作为一块烟田或一批次货批量采购的烟草的一部分，发票必须包含或附有整块烟田或整批货物批量采购的描述；或者，如该项说明已随前一次进口一并提供，则说明该批货物的日期和认证号。(3)仅含填料叶的烟草包应作为填料开具发票；当含有填料叶和烟草包装物但烟草包装物不超过 35％时，应按混合方式开具发票；当烟草包装物含量超过 35％时，应作为包装物开具发票。

手表和手表机芯可根据《美国协调关税表》第 91 章归类——对此类物品的所有商业装运，应要求在发票上或在附于发票并构成发票一部分的单独表格上显示相关信息，这些信息将反映每个组、每种类型或型号的以下内容：

(1)手表，应详细说明表壳的组成、表链、表带、手表中所含机芯的商业说明（半成品表芯编号、机芯直径长度和珠宝数量）以及（如果手表是电池驱动的）电池类型（制造商名称和参考编号）。

(2)手表机芯，提供商业描述（半成品表芯编号、机芯直径长度和珠宝数量）。如果使用电池，电池类型（制造商名称和参考号）。

(3)出口表机芯制造商的名称和机芯制造国的名称。

服装——(1)纺织服装的所有发票均须列明所有成分纤维在整件成衣中所占重量百分比的成分材料细目，以及（外层）表层单独的纤维成分细目（不包括内衬、袖口、腰带、衣领及其他辅料）和内衬的纤维成分细目。(2)由多种成分或材料构成的服装（针织和非针织织物的组合或针织和（或）非针织织物与皮革、毛皮、塑料包括乙烯树脂等的组合），发票必须显示服装中每种单独纺织材料的重量百分比纤维细目，以及整个服装中每种非纺织材料的重量百分比细目。(3)机织服装，说明织物是否染色，以及"经纱和/或纬纱中是否有两种或两种以上的颜色"。(4)全白色的 T 恤和背心，说明服装是否有口袋、镶边或刺绣。(5)围巾须说明商品的准确尺寸（长度和宽度）。

木制品——(1)经纵锯或纵削、平切或旋切的木材，不论是否经刨平、砂磨或指接，其厚度超过 6MM（木材），可根据《美国协调关税表》第 44 章品目 4407 归类，该归类也适用于沿其任何边缘或表面连续成形的木材，不论是否经刨平、砂磨或指接；针叶类木材参照《美国协调关税表》子目 4409.10.90 归类，非针叶类木材则参照子目 4409.20.90 归类,且按立方米(M)体积征关税——修整前的立方米数。(2)木材或其他木质材料制成的纤维板,无论是否由树脂或其他有机物质粘合,归于《美国协调关税表》第 44 章品目 4411 下,依据其密度归类——说明密度,单位为克/立方厘米。(3)胶合板,仅由木板组成,可根据《美国协调关税表》第 44 章子目 4412.11、4412.12 和 4412.19 归类,并可根据木板厚度归类——说明每层木板厚度,以毫米(mm)为单位。

羊毛和毛发——有关发票所需的其他信息,请参见《美国协调关税表》。

羊毛制品(地毯、垫子和家具装饰物以及进口前 20 年以上制造的羊毛制品除外)(财政部第 50338、51019 号决议)——(1)说明占羊毛制品总纤维重量的百分比(不高于总纤维重量 5% 的装饰物除外):(a)羊毛;(b)再加工羊毛;(c)重复使用的羊毛;(d)重量百分比为 5% 或以上的每种非羊毛纤维;和(e)所有纤维的总占比。(2)任何非纤维填料、填充物或掺假物质所占羊毛产品总重量的最大百分比。(3)羊毛产品的生产企业名称,除非该产品含有从多个供应商或未知来源获得的混合废物、余料和类似商品。

人造纤维机织物参照品目 5407、5408、5512、5513、5514、5515、5516 归类——

(1)说明织物的确切宽度。

(2)提供商品的详细描述(商号名,如有)。

(3)说明是否漂白、是否染色、或使用不同颜色和(或)印花的纱线。

(4)如果由一种以上的材料组成,列出每种材料的重量百分比。

(5)标明人造纤维是人造纤维或合成纤维、长丝或短纤维,并说明纱线是否具有高韧性。明确每米纱线的圈数。

(6)明确经纱和纬纱的纱线尺寸。

(7)明确织物的编织方式(平纹织物、斜纹织物、缎质织物、多臂镶边织物、提花织物、转环织物、浮纹织物等)。

(8)明确经纱和纬纱中每平方厘米的单螺纹数。

(9)说明每平方米的重量,单位为克。

(10)使用以下公式提供平均纱线数:

$$\frac{100 \times 每平方厘米的单丝数}{(每平方米的克数)}$$

(11)对于纺线,明确是否有纹理。

(12) 对于长丝纱,明确是否有纹理。

纱线——(1) 所有纱线发票应显示:(a)含纤维重量;(b)单股或多股;(c)是否进行零售(见《美国协调关税表》第 11 节注释 4);(d)是否拟用作缝纫线。

(2) 如果丝占主要重量,说明是短纤还是长丝。

(3) 如果棉占主要重量,说明:(a)精梳还是粗梳;(b)公制支数(mn);

(4) 如果人造纤维占主要重量,显示:(a)是长丝,还是短纤,或长丝和短纤的组合;(b)如果是长丝和短纤混合物,则给出长丝和短纤重量百分比。

(5) 如果人造纤维长丝和人造纤维占主要重量,显示:

(a) 是否具有高韧性(见《美国协调关税表》第十一节注释 6)

(b) 是单丝、复丝还是长条

(c) 是否卷曲变形

(d) 纱线支数(分特)

(e) 每米圈数

(f) 单丝,说明横截面尺寸,以毫米为单位。

(g) 条带,以毫米为单位显示条带的宽度(如果在折叠或扭曲状态下进口,则在折叠或扭曲状态下测量)

货物及其归类可不时添加到列表中或从列表中删除。

F.3 海关估价

《美国制定法大全》93 卷 194 页,《公法》96 - 39——1979 年 7 月 26 日

《1930 年关税法》:

"402 节,价值。[《美国法典》第 19 卷 1401a 条]

"(a) 通则:(1) 除本法案另有特别规定外,就本法案而言,进口商品应根据以下内容进行估价:

"(A) 根据(b)小节规定的交易价值进行估价。

"(B) 如果(A)款所规定的价值不能确定,或者可以确定,但不能适用小节第 b (2)条,则根据(c)小节规定的相同商品的交易价值进行估价。

"(C) 如果(B)款所规定的价值不能确定,则根据(c)小节规定的类似商品的交易价值进行估价。

"(D) 如果(C)款所规定的价值不能确定,并且进口商没有根据第(2)条要求以替代法估价,则根据(d)小节规定的扣除法计算值进行估价。

"（E）如（D）款所规定的价值不能确定,则指根据（e）小节规定的估算法计算值进行估价。

"（F）如（E）款所规定的价值不能确定,则根据（f）小节规定的价值进行估价。

"（2）就进口商品而言,如第（1）条（C）款所规定的价值不能厘定,且进口商在部长规定时间内向海关与边境保护局有关人员提出要求以估算法计算值进行估价,则该商品须根据第（1）条（E）款所规定的估算法计算值而非第（1）条（D）款所规定的扣除法计算值估算。如果随后无法确定商品的估算法计算值,则不得根据第（1）条（F）款所述价值对商品进行估算,除非商品扣减价值无法根据第（1）条（D）款确定。

"（3）根据商品进口商的书面要求,并根据有关信息公开的法律规定,相关海关与边境保护局官员应向进口商提供一份关于如何根据本节确定该商品价值的书面解释。

"（b）进口商品的交易价值。——（1）进口商品的交易价值是指该商品为出口到美国而实际支付或应付的价格,加上以下费用——

"（A）买方支付的进口商品的包装费用;

"（B）买方就进口商品而支付的任何销售佣金;

"（C）任何辅助物的价值（以合适的比例分摊）;

"（D）买方需要直接或间接支付的与进口商品有关的任何特许权使用费或许可费,作为向美国出口的进口商品销售的条件;以及

"（E）进口商品的后续转售、处置或使用而产生的直接或间接归于卖方的收益。

进口商品的实际支付或应付价格应累计（A）至（E）款所述项目（而非其他项目）的金额,但前提是每一笔此类金额:（i）未以其他方式包括在实际支付或应付价格中;以及（ii）基于充分的信息。如果由于任何原因无法获得关于上述任何金额的充分信息,则就本节而言,应将有关进口商品的交易价值视为无法确定。

"（2）（A）根据第（1）条规定计算所得的进口商品的交易价值为本法案认定的该商品的估算价值,前提是——

"（i）除以下限制外,买方对进口商品的处置或使用没有任何限制:

"（Ⅰ）法律规定的限制,

"（Ⅱ）商品转售的地理区域限制,或

"（Ⅲ）对商品的价值没有实质性影响的限制;

"(ii) 进口商品的销售、或实际支付或应付的价格,不因无法确定进口商品价值的任何条件或考虑因素而受限制;

"(iii) 除非能够根据第(1)条(E)款作出适当的调整,否则买方随后转售、处置或使用进口商品所得收益的任何部分,均不会直接或间接地归于卖方;且

"(iv) 买卖双方没有关联,或买卖双方有关联,但就本小节而言,(B)款所列的交易价值是可接受的。

"(B) 就本小节而言,如果对进口商品销售情况的审查表明相关买方和卖方之间的关系不影响实际支付或应付的价格,则相关买方和卖方之间的交易价值是可以接受的;或者,如果进口商品的交易价值与以下价格非常接近——经《公法》96–490修订,自 1981 年 1 月 1 日起生效:

"(i) 在美国,相同商品或向无关买家销售的类似商品的交易价值;或

"(ii) 相同商品或类似商品的扣除法计算值或估算法计算值;但是,前提是在第(i)或(ii)项中提及的用于参照的每一种价值参考的商品须与进口商品同时或大约同时出口到美国。

"(C) 在应用(B)款价值进行商品价值比较时,应考虑到以下有关销售的差异(前提是有足够信息证明存在此类差异,信息可由买方提供或由相关海关与边境保护局官员获取)——

"(i) 商业水平;

"(ii) 数量水平;

"(iii) 第(1)条所述的成本、佣金、价值、费用及收益;和

"(iv) 卖方在其与买方无关的销售中所产生的费用,而该等费用并非卖方在其与买方有关的销售中所产生的。

"(3) 如果下述费用独立于实际支付或应付的价格以及第(1)条所包含的任何成本或其他项目,则进口商品的交易价值不包括下列任何一项:

"(A) 因以下原因产生的任何合理成本或费用:

"(i) 商品进口到美国后的建造、安装、装配、维护或提供的技术援助;或

"(ii) 商品进口后的运输。

"(B) 商品因进口而产生的当前应缴纳的关税和其他联邦税,以及美国境内供应商通常应缴纳的此类商品(或按商品价值计量)的联邦消费税。

"(4) 就本小节而言——

实际支付或应付的价格定义：

"（A）'实际支付或应付价格'一词是指买方为进口商品向卖方支付或将向卖方支付的总额（无论是直接还是间接的，不包括货物从出口国国际运输到美国进口地所发生的运输、保险和相关服务的任何费用、收费或开支）。

"（B）根据第（1）条确定交易价值时，应忽略买方和卖方在商品进口到美国之日后实际支付或应付价格中发生的任何折扣或其他降价。

"（c）相同商品或类似商品的交易价值——

"（1）相同商品或类似商品的交易价值是指符合下列标准的进口商品的交易价值［就本法案而言，根据（b）小节计算的价值可接受为海关估价，但须根据本小节第（2）条进行调整］——

"（A）与被估算的商品属于相同的商品或类似的商品（视情况而定）；并且

"（B）与被估算商品同时或大约同时出口到美国。

"（2）根据本小节确定的交易价值应以相同商品或类似商品（视情况而定）在同一商业水平上的销售为基础，并与被估算商品的销售数量大致相同。如果未发现此类销售，则应使用相同商品或类似商品在不同商业水平或以不同数量（或商业水平及销售数量均不同）进行的销售，但应考虑到任何此类差异并进行调整。根据本条作出的任何调整应以充分的信息为基础。如果应用本条对任何进口商品估价时，确定了相同商品或类似商品的两个或两个以上交易价值，则该进口商品应以其中较低或最低的价值为基础进行估价。

相关商品：

"（d）扣除法计算值——

"（1）就本小节而言，'相关商品'一词指被估算的商品、相同的商品或类似的商品。

"（2）（A）被估算商品的扣除法计算值是下列价格［根据第（3）条进行调整］中的一种，哪一种更适用则取决于相关商品在美国的销售时间和销售条件：

"（i）如果相关商品在被估算商品进口之日或前后以进口状态出售，扣除法计算值使用的价格是相关商品在该日或前后以最大总量出售时的单价。

"（ii）如果相关商品以进口状态出售，但在被估算商品进口之日或前后未出售，扣除法计算值使用的价格是在被估算商品进口之日起 90 天内（含第 90 天），以最大总数量销售相关商品时的单价。

"(iii) 如果相关商品在被估算商品进口之日起 90 天内(含第 90 天)未按进口状态出售,则扣除法计算值使用的价格为被估算商品在进一步加工后,在进口日期后第 180 天之前以最大总数量销售被估算商品时的单价。只有进口商在部长规定的时间内选择并通知相关海关与边境保护局官员其这一选择,本条才适用于商品价值估算。

单价:

"(B) 就(A)款而言,商品以最大总数量出售的单价是在进口后[在(A)款第(iii)项适用的情况下],以第一级商业水平向无关人员出售商品的单价,出售的总数量须:

"(i) 大于以任何其他单价出售的总数量,以及

"(ii) 可以用以确定单价。

"(3) (A) 根据第(2)条决定的价格,须减去以下数额——

"(i) 在美国销售相同类别或种类进口商品时,通常支付或同意支付的任何佣金,或通常为利润和一般费用而增加的费用,无论相关商品的出口国是哪个国家;

"(ii) 实际成本及因相关商品从出口国运往美国的国际运输而产生的相关运输和保险成本;

"(iii) 从进口地到美国交货地装运此类商品所产生的通常费用和相关运输和保险费用,前提是此类费用不包括在第(i)项的一般费用中;

"(iv) 相关商品进口应缴纳的关税和其他联邦税,以及美国供应商通常应负责的此类商品的任何联邦消费税或按其价值计量的联邦消费税;以及

"(v) [但仅在根据第(2)条(A)款(iii)项确定价格的情况下]进口后,商品加工所增加的价值,只要具有充分信息说明该价值与该加工成本有关。

"(B) 如要参照条款(A)执行,则——

"(i) 利润和一般费用的扣除应基于进口商的利润和一般费用,除非此类利润和一般费用与在美国销售相同类别或种类的进口商品所反映的利润和一般费用不一致,在这种情况下,扣除应基于此类销售所反映的并根据充分的信息确定的通常利润和一般费用;并且

"(ii) 就销售进口商品向进口商征收的任何州或地方税应视为一般费用。

"(C) 根据第(2)条确定的价格应增加(但前提是此类费用不以其他方式包括在内)进口商或买方(视情况而定)就有关商品所发生的包装费用相同的数额。

"(D) 为确定进口商品的扣减价值,如有人提供任何与相关商品的生产或出口销售有关的辅助物,则向此人所作的任何销售应不予考虑。

"(e) 估算法计算值。——

"(1) 进口商品的估算法计算值包括下列项目:

"(A) 进口商品生产中使用的材料成本或价值、制造和其他类型加工产生的成本。

"(B) 利润和一般费用的金额,等于出口国生产商为出口到美国而生产的与进口商品相同类别或种类的商品销售的金额;

"(C) 任何辅助物,如其价值不包括在(A)或(B)款内;以及

"(D) 包装费用。

"(2) 就第(1)条而言——

"(A) 如果出口国征收的直接适用于产品材料或处置该材料的任何国内税款在商品(其生产过程中使用了该材料)出口时已返还或退税,则第(1)条(A)款所指的材料的成本或价值不包括该国内税款;并且

"(B) 第(1)条(B)款规定的利润和一般费用应根据生产商的利润和费用确定,除非生产商的利润和费用与出口国生产的出口到美国的同类商品的销售中通常反映的利润和费用不一致,在这种情况下,第(1)条(B)款规定的数额应为根据充分信息确定的生产商在此类销售中的通常利润和一般费用。

"(f) 其他值不能确定或无法使用情况下的价值估算。——

"(1) 如果无法根据(b)至(e)小节确定进口商品的价值,或确定的价值不适用于本法案目的,则应基于这些条款中规定的方法所得出的某一估算价值,进行合理调整,以得出适用价值。

进口商品估价:

"(2) 就本法案而言,进口商品不能基于以下情况进行估价——

"(A) 美国生产的商品在美国的售价;

"(B) 以两种可供选择的价值中较高的价值对进口商品进行估价;

"(C) 出口国国内市场的商品价格;

"(D) 根据(c)小节确定的与被估算商品相同或类似商品的价值以外的某种生产成本;

"(E) 出口到美国以外国家的商品价格;

"(F) 估价的最小值；或

"(G) 任意判定或虚构的价值。

本条不适用于《关税法》第 7 卷中外国市场价值或美国价格的确定、决定或估算。

注：

"(g) 特别规则——

"(1) 就本节而言，以下各条款中所述人员应被视为相关人员：

"(A) 同一家庭的成员，包括兄弟姊妹（不论是全血缘关系还是半血缘关系）、配偶、祖先及直系后代。

"(B) 一个组织的任何官员或董事和该组织。

"(C) 一个组织的任何官员或董事和另一个组织的官员或董事，如果他们在对方的组织中同时兼任工作职务或董事。

"(D) 合伙人。

"(E) 雇主和雇员。

"(F) 直接或间接拥有、控制或持有任何组织及该组织 5％或以上有表决权的流通股或股份的任何人。

"(G) 两个或两个以上人员，存在直接或间接控制、被控制或共同被任何人控制的关系。

"(2) 就本节而言，如果商品（包括但不限于相同商品和类似商品）属于某一特定行业或行业部门生产的一组或一系列商品，则应将其视为与该组或该系列其他商品属于同一类别或种类。

公认会计原则：

"(3) 就本节而言，如果准备工作符合公认的会计原则，进口商、买方或生产商提交的有关商品估价的信息不会被海关与边境保护局相关官员因准备该信息的会计方法不当而拒绝。'公认会计原则'一词是指关于以下方面的任何公认的共识或有足够权威支持的定义：

"(A) 哪些经济资源和义务应记录为资产和负债；

"(B) 哪些资产和负债变动应记录；

"(C) 资产、负债及其变动应如何计量；

"(D) 哪些信息应公开以及应如何公开；以及

"(E) 应编制哪些财务报表。

一套特定的公认会计原则的适用性将取决于商品价值是基于什么确定的。

"(h) 定义。——以下定义适用于本节：

"(1) (A) '辅助物'一词系指进口商品的买方直接或间接以免费或以较低的成本方式提供的以下任何一项物品，用于商品的生产或商品的销售以便出口至美国：

"(i) 进口商品中包含的材料、部件、零件和类似物品。

"(ii) 用于生产进口商品的工具、冲模、铸模和类似物品。

"(iii) 生产进口商品所消耗的物品。

"(iv) 在美国以外的地方完成的进口商品生产所必需的工程、开发、艺术工作、设计工作以及平面图和草图。

"(B) 本文(A)款(iv)项所列的服务或工作，如满足以下条件，则不得视为本节所适用的辅助物——

"(i) 由居住在美国的个人实施；

"(ii) 由该个人在担任进口商品买方的雇员或代理人期间履行；并且

"(iii) 是在美国境内完成的其他工程、开发、艺术工作、设计工作以及平面图和草图所附带生成的。

"(C) 就本节而言，下列规定适用于确定(A)款(iv)项所述辅助物的价值：

"(i) 可在公共领域获取的辅助物的价值是获得该辅助物复制品的费用，

"(ii) 如果辅助物的生产涉及美国和一个或多个其他国家，其价值为在美国境外增加的价值。

"(2) '相同商品'一词是指——

"(A) 在各方面均与被估价商品相同，且在同一国家由同一生产商生产的商品；或

"(B) 如果找不到符合(A)项要求的商品（或为了适用(b)(2)(B)(i)项的目的，无论是否能找到符合该要求的商品），则"相同产品"指在所有方面与被评估商品相同、且在同一国家生产，但不是由同一生产商生产的产品。

该术语('相同商品')不包括含有或反映任何以下类型的工程、开发、艺术工作、设计工作以及平面图和草图的商品——

"(Ⅰ) 由商品买方免费或以较低成本提供，用于商品的生产或商品的销售以便

出口至美国；以及

"（Ⅱ）由于在美国境内生产而不属于辅助物。

"（3）'包装费用'一词是指用于将商品置于合适状态、包装好准备运往美国的所有容器和覆盖物的成本，不限其性质和包装方式，包括人工成本和材料成本。

"（4）'类似商品'一词是指——

"（A）下列商品：

"（i）与被估算商品在同一国家由同一生产商生产，

"（ii）与被估算商品的特性和组成材料相似，并且

"（iii）在商业上可与被估算的商品互相替换；或

"（B）如果无法找到符合（A）款要求的商品［或为了适用（b）小节第（2）条（B）款（i）项的目的，无论是否能够找到符合此类要求的商品］，则'类似商品'指符合以下条件的商品——

"（i）与被估算商品在同一国家生产，但不是由同一生产商生产，并且

"（ii）符合（A）款（ii）和（iii）项规定的要求。

该术语（类似商品）不包括含有或反映任何以下类型的工程、开发、艺术工作、设计工作以及平面图和草图的商品——

"（Ⅰ）由商品买方免费或以较低成本提供，用于商品的生产或商品的销售以便出口至美国；并且

"（Ⅱ）由于在美国境内生产而不属于辅助物。

"（5）根据本节的要求，术语'足够的信息'用于确定——

"（A）以下金额——

"（i）根据（b）小节第（1）条增加到实际支付或应付价格中的任何金额，

"（ii）根据（d）小节第（3）条作为利润或一般费用或价值从进一步加工中扣除的任何金额，或

"（iii）根据（e）小节第（2）条作为利润或一般费用增加的任何金额；

"（B）出于（b）小节第（2）条（C）款目的所考虑的任何差额；或

"（C）根据（c）小节第（2）条作出的任何调整；

在以上情形下，'足够的信息'指用以确保此类金额、差额或调整的准确性的信息。"

F.4 环境保护署管制的制冷剂

一类

化学物名称	品名及经销商	化学文摘社（CAS）登记号
三氯氟甲烷 CFC - 11 （CCl₃F）	Algofrene 11 - Ausimont SPA Arcton 11 - INEOS Fluor Asahifron R - 11 - Asahi Glass Co. Ltd. CFC - 11 - Firefreeze International CFC - 11 - Chemicals and Plastics India Ltd. CFC - 11 - Gujarat Fluorochemicals Ltd. CFC - 11 - Hankook Shin Hwa CFC - 11 - Navin Fluorine Industries CFC - 11 - Roche Chemicals Inc. CFC - 11 - Spolek CFC - 11 - Changshu 3F Refrigerant Plant[i] Daiflon 11 - Daikin Industries Ltd. Dional 11 - Solvay Fluor GMBH CFC - 11 - Jiangsu Meilan Electric Chemical Plant[ii] CFC - 11 - Suzhou Xinye Chemical Co. Ltd. [iii] CFC - 11 - Zhejiang Linhai Limin Chemical Plant[iv] CFC - 11 - Zhejiang Juhua Fluorchemical Co. Ltd. [v] CFC - 11 - Chemical Industries of Northern Greece SA Electro - CF 11 - Unknown[vi] Eskimon 11 - Unknown FCC - 11 - Akzo Chemicals International B. V. Flon Showa 11 - Showa Denko K. K. Floron 11 - SRF Limited Forane 11 - ARKEMA SA Freon - 11 - DuPont Fluoroproducts Frigen 11 - Solvay Fluor GMBH Genetron 11 - Honeywell(formerly Allied-Signal Inc.) Genetron 11 - Quimobasicos s. a. de c. v. ISCEON 11 - Rhodia Isotron 11 - Unknown Khaladon 11 - Unknown Korfron 11 - Ulsan Chemical Co. , Ltd. Ledon 11 - Unknown Mafron 11 - Navin Fluorine Industries R11 - Protocol Resource Management Inc.	75 - 69 - 4
二氯二氟甲烷 CFC - 12 （CCl₂F₂）	Algofrene 12 - Ausimont SPA Algofrene 12 - Montefluos S. P. A. Arcton 12 - INEOS Fluor	75 - 71 - 8

（续表）

化学物名称	品名及经销商	化学文摘社（CAS）登记号
	Asahifron R – 12 – Asahi Glass Co. Ltd. Asahifron R – 500 – Asahi Glass Co. Ltd. CFC – 12 – Zhejiang Juhua Fluorchemical Co. Ltd. CFC – 12 – Chemicals and Plastics India Ltd. CFC – 12 – Firefreeze International CFC – 12 – Gujarat Fluorochemicals Ltd. CFC – 12 – Hankook Shin Hwa CFC – 12 – Navin Fluorine Industries CFC – 12 – Roche Chemicals Inc. CFC – 12 – SRF Limited CFC – 12 – Changshu 3F Refrigerant Plant CFC – 12 – Zhejiang Dongyang Chemical Plant[vii] CFC – 12 – Jiangsu Meilan Electric Chemical Plant CFC – 12 – Fujian Shaowu Fluorchemical Plant[viii] CFC – 12 – Guangdong Zengcheng Xiangsheng Chemical Co. Ltd.[ix] CFC – 12 – Spolek Daiflon 12 – Daikin Industries Ltd. Daiflon 500 – Daikin Industries Ltd. Electro – CF 12 – Unknown Eskimon 12 – Unknown FCC – 12 – Akzo Chemicals International B. V. Flon Showa 12 – Showa Denko K. K. Flon Showa 500 – Showa Denko K. K. Floron 12 – SRF Limited Forane 12 – ARKEMA SA Forane 500 – ARKEMA SA Freon – 12 – DuPont Fluoroproducts Frigen 12 – Solvay Fluor GMBH Frigen 500 – Solvay Fluor GMBH Friogas 12 – Galco G12 – AlliedSignal Fluorochemicals Europe BV Genetron 12 – Quimobasicos s. a. de c. v. Genetron 500 – Quimobasicos s. a. de c. v. Genetron 500 – Honeywell（formerly Allied-Signal Inc. ） ISCEON 12 – Rhodia ISCEON 500 – Rhodia Isotron 12 – Unknown Korfron 12 – Ulsan Chemical Co. ，Ltd. Ledon 12 – Unknown Mafron 12 – Navin Fluorine Industries	

(续表)

化学物名称	品名及经销商	化学文摘社 （CAS） 登记号
	Oxyfume 12 – Honeywell（formerly Allied-Signal Inc.） R12 – Protocol Resource Management Inc. R – 500 R – 501 R – 505 Taisoton 12 – Formosa Plastics	
1,1,2-三氟 三氯乙烷 CFC – 113 （$C_2F_3Cl_3$）	AF – 113 – Asahi Glass Co. Ltd. Algofrene 113 – Ausimont SPA Arklone AM – INEOS Fluor Arklone AMD – INEOS Fluor Arklone AS – INEOS Fluor Arklone EXT – INEOS Fluor Arklone K – INEOS Fluor Arklone L – INEOS Fluor Arklone P – INEOS Fluor Arklone PSM – INEOS Fluor Arklone W – INEOS Fluor Asahifron R – 113 – Asahi Glass Co. Ltd. CFC – 113 – Jiangsu Changshu Yudong Chemical Plant[x] CFC – 113 – Changshu 3F Refrigerant Plant CG Triflon – Central Glass Co. Ltd. CG Triflon A – Central Glass Co. Ltd. CG Triflon C1 – Central Glass Co. Ltd. CG Triflon CP – Central Glass Co. Ltd. CG Triflon D3 – Central Glass Co. Ltd. CG Triflon Dl – Central Glass Co. Ltd. CG Triflon E – Central Glass Co. Ltd. CG Triflon EC – Central Glass Co. Ltd. CG Triflon EE – Central Glass Co. Ltd. CG Triflon ES – Central Glass Co. Ltd. CG Triflon FD – Central Glass Co. Ltd. CG Triflon M – Central Glass Co. Ltd. CG Triflon MES – Central Glass Co. Ltd. CG Triflon P – Central Glass Co. Ltd. CG Triflon Wl – Central Glass Co. Ltd. Daiflon S3 – Daikin Industries Ltd. Daiflon S3 – A – Daikin Industries Ltd. Daiflon S3 – E – Daikin Industries Ltd. Daiflon S3 – EN – Daikin Industries Ltd. Daiflon S3 – ES – Daikin Industries Ltd.	76 – 13 – 1

（续表）

化学物名称	品名及经销商	化学文摘社（CAS）登记号
	Daiflon S3 - HN - Daikin Industries Ltd. Daiflon S3 - MC - Daikin Industries Ltd. Daiflon S3 - P35 - Daikin Industries Ltd. Daiflon S3 - W6 - Daikin Industries Ltd. Delifrene 113 - Ausimont SPA Diflon S - 3 - Unknown Dional 113 - Solvay Fluor GMBH F - 113 - Tosoh Flon Showa FS - 3 - Showa Denko K. K. Flon Showa FS - 3A - Showa Denko K. K. Flon Showa FS - 3D - Showa Denko K. K. Flon Showa FS - 3E - Showa Denko K. K. Flon Showa FS - 3ES - Showa Denko K. K. Flon Showa FS - 3M - Showa Denko K. K. Flon Showa FS - 3MS - Showa Denko K. K. Flon Showa FS - 3P - Showa Denko K. K. Flon Showa FS - 3W - Showa Denko K. K. Fluorisol - Rhodia Fluorisol - ISC Chemicals Forane 113 - ARKEMA SA Freon MCA - DuPont Fluoroproducts Freon MCA - DuPont-Mitsui Fluorochemicals Co. Ltd Freon PCA - DuPont Fluoroproducts Freon SMT - DuPont-Mitsui Fluorochemicals Co. Ltd Freon SMT - DuPont Fluoroproducts Freon TA - DuPont Fluoroproducts Freon TA - DuPont-Mitsui Fluorochemicals Co. Ltd Freon T - B1 - DuPont-Mitsui Fluorochemicals Co. Ltd Freon T - DA35 - DuPont-Mitsui Fluorochemicals Co. Ltd Freon T - DA35X - DuPont-Mitsui Fluorochemicals Co. Ltd Freon T - DEC - DuPont-Mitsui Fluorochemicals Co. Ltd Freon T - DECR - DuPont-Mitsui Fluorochemicals Co. Ltd Freon TDF - DuPont Fluoroproducts Freon T - DFC - DuPont-Mitsui Fluorochemicals Co. Ltd Freon T - DFCX - DuPont-Mitsui Fluorochemicals Co. Ltd Freon TE - DuPont-Mitsui Fluorochemicals Co. Ltd Freon T - E35 - DuPont-Mitsui Fluorochemicals Co. Ltd Freon T - E6 - DuPont-Mitsui Fluorochemicals Co. Ltd Freon TES - DuPont-Mitsui Fluorochemicals Co. Ltd Freon TES - DuPont Fluoroproducts Freon TF - DuPont-Mitsui Fluorochemicals Co. Ltd	

（续表）

化学物名称	品名及经销商	化学文摘社（CAS）登记号
	Freon TF – DuPont Fluoroproducts Freon TMC – DuPont-Mitsui Fluorochemicals Co. Ltd Freon TMC – DuPont Fluoroproducts Freon TMS – DuPont-Mitsui Fluorochemicals Co. Ltd Freon TMS solvents – DuPont Fluoroproducts Freon TP35 – DuPont Fluoroproducts Freon T – P35 – DuPont-Mitsui Fluorochemicals Co. Ltd Freon TWD 602 – DuPont Fluoroproducts Freon T – WD602 – DuPont-Mitsui Fluorochemicals Co. Ltd Freon – 113 – DuPont Fluoroproducts Frigen 113 – Solvay Fluor GMBH Frigen TR 113 – Solvay Fluor GMBH Fronsolve – Asahi Glass Co. Ltd. Fronsolve AD – 17 – Asahi Glass Co. Ltd. Fronsolve AD – 7 – Asahi Glass Co. Ltd. Fronsolve AD – 9 – Asahi Glass Co. Ltd. Fronsolve AD – 19 – Asahi Glass Co. Ltd. Fronsolve AE – Asahi Glass Co. Ltd. Fronsolve AES – Asahi Glass Co. Ltd. Fronsolve AM – Asahi Glass Co. Ltd. Fronsolve AMS – Asahi Glass Co. Ltd. Fronsolve AP – Asahi Glass Co. Ltd. Fronsolve R 113 – Nagase & Co. G Triflon E35 – Central Glass Co. Ltd. Genesolv D – Honeywell (formerly Allied-Signal Inc.) Genetron 113 – Honeywell (formerly Allied-Signal Inc.) ISCEON 113 – Rhodia Kaltron – Kali-Chemie AG Magicdry MD 201 – Daikin Industries Ltd. Magicdry MD 202 – Daikin Industries Ltd. Magicdry MD 203 – Daikin Industries Ltd. Magicdry MD – E35 – Daikin Industries Ltd. Magicdry MD – E6 – Daikin Industries Ltd. SonicSolve – London Chemical Co. (Lonco) TCTFE – Solvay Fluor GMBH	
二氯四氟乙烷 CFC – 114 $(C_2F_4Cl_2)$	Algofrene 114 – Ausimont SPA Arcton 114 – INEOS Fluor Asahifron R – 114 – Asahi Glass Co. Ltd. Daiflon 114 – Daikin Industries Ltd. Flon Showa 114 – Showa Denko K. K.	76 – 14 – 2

（续表）

化学物名称	品名及经销商	化学文摘社（CAS）登记号
	Forane 114 – ARKEMA SA Freon – 114 – DuPont Fluoroproducts Frigen 114 – Solvay Fluor GMBH Genetron 114 – Quimobasicos s. a. de c. v. Genetron 114 – Honeywell (formerly Allied-Signal Inc.) ISCEON 114 – Rhodia R114 – Protocol Resource Management Inc. R – 506	
氯五氟乙烷 CFC – 115 （C_2F_5Cl）	Algofrene 115 – Ausimont SPA Algofrene 502 – Ausimont SPA Arcton 115 – INEOS Fluor Arcton 502 – INEOS Fluor Asahifron R – 115 – Asahi Glass Co. Ltd. Asahifron R – 502 – Asahi Glass Co. Ltd. CFC – 115 – Zhejiang Chemical Research Institute[xi] CFC – 115 – Changshu 3F Refrigerant Plant Daiflon 115 – Daikin Industries Ltd. Daiflon 502 – Daikin Industries Ltd. Flon Showa 502 – Showa Denko K. K. Forane 115 – ARKEMA SA Forane 502 – ARKEMA SA Freon – 115 – DuPont Fluoroproducts Freon – 502 – DuPont Fluoroproducts Frigen 115 – Solvay Fluor GMBH Genetron 115 – Honeywell (formerly Allied-Signal Inc.) Genetron 502 – Quimobasicos s. a. de c. v. Genetron 502 – Honeywell (formerly Allied-Signal Inc.) ISCEON 115 – Rhodia ISCEON 502 – Rhodia R502 – Protocol Resource Management Inc. R – 504	76 – 15 – 3
溴氯二氟甲烷 Halon 1211 （CF_2ClBr）	Halon 1211 – Hanju Chemical Co. Ltd. Halon – 1211 – Jiangsu Wuxian Chemical Plant[xii] Halon – 1211 – Zhejiang Chemical Research Institute Halon – 1211 – Foshan Electral-Chemical General Plant[xiii] Halon – 1211 – Shandong Shouguang Plant[xiv] Halon – 1211 – Zhejiang Dongyang Chemical Plant Halon – 1211 – Navin Fluorine Industries[xv] Halon – 1211 – Dalian Fire Extinguishing Agent Plant[xvi]	353 – 59 – 3

化学物名称	品名及经销商	化学文摘社（CAS）登记号
溴三氟甲烷 Halon 1301 （CF_3Br）	Freon FE 1301 – Ansul Fire Protection Freon FE 1301 – DuPont Fluoroproducts Halon 1301 – Hanju Chemical Co. Ltd. Halon – 1301 – Zhejiang Chemical Industry Research Institute	75 – 63 – 8
二溴四氟乙烷 Halon 2402 （$C_2F_4Br_2$）		124 – 73 – 2
氯三氟甲烷 CFC – 13 （CF_3Cl）	Arcton 13 – INEOS Fluor Asahifron R – 13 – Asahi Glass Co. Ltd. Daiflon 13 – Daikin Industries Ltd. FCC – 13 – Akzo Chemicals International B. V. Flon Showa 13 – Showa Denko K. K. Forane 13 – ARKEMA SA Freon – 13 – DuPont Fluoroproducts Frigen 13 – Solvay Fluor GMBH Genetron 13 – Quimobasicos s. a. de c. v. Genetron 13 – Honeywell (formerly Allied-Signal Inc.) Genetron 503 – Quimobasicos s. a. de c. v. Genetron 503 – Honeywell (formerly Allied-Signal Inc.) ISCEON 13 – Rhodia R – 503	75 – 72 – 9
五氯氟乙烷 CFC – 111 （C_2FCl_5）	R – 111	354 – 56 – 3
四氯二氟乙烷 CFC – 112 （$C_2F_2Cl_4$）	R – 112	76 – 12 – 0
七氯氟丙烷 CFC – 211 （C_3FCl_7）		422 – 78 – 6
六氯二氟丙烷 CFC – 212 （$C_3F_2Cl_6$）		3182 – 26 – 1
五氯三氟丙烷 CFC – 213 （$C_3F_3Cl_5$）		2354 – 06 – 5

（续表）

化学物名称	品名及经销商	化学文摘社（CAS）登记号
四氯四氟丙烷 CFC-214 $(C_3F_4Cl_4)$		29255-31-0
三氯五氟丙烷 CFC-215 $(C_3F_5Cl_3)$		4259-43-2
二氯六氟丙烷 CFC-216 $(C_3F_6Cl_2)$		661-97-2
氯七氟丙烷 CFC-217 (C_3F_7Cl)		422-86-6
四氯化碳 CCl_4	Carbon tetrachloride – Riedelde Haen AG. Carbon Tetrachloride – Mitsui Toatsu Chemicals Inc. Carbon Tetrachloride – Kureha Chemical Industry Co.，Ltd. Dowfume 75 – Dow AgroSciences LLC Freon 10 – DuPont Fluoroproducts Necatorina – Unknown Necatorine – Unknown Sienkatanso – Kanto Denka Kogyo Co. SIENKATANSO – Kanto Denka Kogyo Co. Tetrafinol – Unknown Tetraform – Unknown Tetrasol – Unknown Univerm – Unknown Vermoestricid – Unknown Volcan Formula 72 – Unknown	56-23-5
氯甲酸甲酯 $(C_2H_3Cl_3)$ 1,1,1-三氯乙烷	1,1,1-tri – Vulcan Chemicals 111 Tri – Vulcan Chemicals A D Delco Fabric – Chem-Tek America Aerolex-National Chemsearch Aerothene（R）TA Solvent-Dow Chemical Co. Aerothene（R）TT Solvent（Aerosol Grade）– Dow Chemical Co. Alpha 1220 – Alpha Metals Aquadry 50 – Asahi Chemical Industry Co. Ltd. Ardrox – Chemetall Asia Pte. Ltd.（formerly Brent Asia）	

(续表)

化学物名称	品名及经销商	化学文摘社（CAS）登记号
	Ardrox D495A Developer – Chemetall Asia Pte. Ltd. (formerly Brent Asia) Ardrox K410C Remover – Chemetall Asia Pte. Ltd. (formerly Brent Asia) Arrow C190 LEC – Arrow Chemicals Asahitriethane ALS – Asahi Glass Co. Ltd. Asahitriethane BS – Asahi Glass Co. Ltd. Asahitriethane EC Grade – Asahi Glass Co. Ltd. Asahitriethane LS – Asahi Glass Co. Ltd. Asahitriethane UT – Asahi Glass Co. Ltd. Asahitriethane V5 – Asahi Glass Co. Ltd. Baltane – ARKEMA SA B-Lube – National Chemsearch C-60 – Sprayway, Inc. CG Triethane F – Central Glass Co. Ltd. CG Triethane N – Central Glass Co. Ltd. CG Triethane NN – Central Glass Co. Ltd. CG Triethane NNA – Central Glass Co. Ltd. Chemlok 252 – Lord Corp. Chem-Slich – National Chemsearch Chem-Slick – National Chemsearch Chlorothene (R) – Dow Chemical Co. Chlorothene (R) NU – Dow Chemical Co. Chlorothene (R) SL – Dow Chemical Co. Chlorothene (R) SM – Dow Chemical Co. Chlorothene (R) VG – Dow Chemical Co. Chlorothene (R) XL – Dow Chemical Co. CRC226 – CRC Industries Australia Pty Ltd. Dowclene (R) EC – Dow Chemical Co. Dowclene (R) EC-CS – Dow Chemical Co. Dowclene (R) LS – Dow Chemical Co. Electrosolv – Unitor Ships Service Ethana AL – Asahi Chemical Industry Co. Ltd. Ethana FXN – Asahi Chemical Industry Co. Ltd. Ethana HT – Asahi Chemical Industry Co. Ltd. Ethana IRN – Asahi Chemical Industry Co. Ltd. Ethana NU – Asahi Chemical Industry Co. Ltd. Ethana RD – Asahi Chemical Industry Co. Ltd. Ethana RS – Asahi Chemical Industry Co. Ltd. Ethana SL – Asahi Chemical Industry Co. Ltd. Ethana TS – Asahi Chemical Industry Co. Ltd.	

（续表）

化学物名称	品名及经销商	化学文摘社（CAS）登记号
	Ethana VG – Asahi Chemical Industry Co. Ltd. Film Cleaning Grade methyl chloroform – Dow Chemical Co. Genklene A – INEOS Fluor Genklene LV – INEOS Fluor Genklene LVJ – INEOS Fluor Genklene LVS – INEOS Fluor Genklene LVX – INEOS Fluor Genklene N – INEOS Fluor Genklene P – INEOS Fluor Genklene PT – INEOS Fluor Gex – National Chemsearch GEX – National Chemsearch JS – 536B – Chiland Enterprise Co. Ltd. Kanden Triethane E – Kanto Denka Kogyo Co. Kanden Triethane EL – Kanto Denka Kogyo Co. Kanden Triethane ELV – Kanto Denka Kogyo Co. Kanden Triethane EP – Kanto Denka Kogyo Co. Kanden Triethane H – Kanto Denka Kogyo Co. Kanden Triethane HA – Kanto Denka Kogyo Co. Kanden Triethane HAK – Kanto Denka Kogyo Co. Kanden Triethane HB – Kanto Denka Kogyo Co. Kanden Triethane HC – Kanto Denka Kogyo Co. Kanden Triethane HF – Kanto Denka Kogyo Co. Kanden Triethane HG – Kanto Denka Kogyo Co. Kanden Triethane HS – Kanto Denka Kogyo Co. Kanden Triethane HT – Kanto Denka Kogyo Co. Kanden Triethane N – Kanto Denka Kogyo Co. Kanden Triethane ND – Kanto Denka Kogyo Co. Kanden Triethane R – Kanto Denka Kogyo Co. Kanden Triethane SR – Kanto Denka Kogyo Co. Kanden Triethane SRA – Kanto Denka Kogyo Co. Krylon Dulling Spray – Sherwin Williams Co. Lectra Clean – CRC Industries Australia Pty Ltd. Methyl Chloroform Low Stabilized – Dow Chemical Co. Methyl Chloroform Low Stabilized – PW – Dow Chemical Co. Methyl Chloroform Technical – Dow Chemical Co. Molybkombin UMFT4 – Klueber Lubrification Molybkombin UMFT4 Spray – Klueber Lubrification MS – 136N – Miller Stephenson Chemical Company Inc. MS – 136N/CO2 – Miller Stephenson Chemical Company Inc. MV3 – Rocol Ltd.	

（续表）

化学物名称	品名及经销商	化学文摘社（CAS）登记号
	NC - 123 - National Chemsearch New Dine T - Yokohama Polymer Co., Ltd. Nicrobraz Cement 500RTS - Wall Colmonoy Nicrobraz Cement xxx - Wall Colmonoy Nilos Solution TLT70 - Nilos Hans Ziller-KG Norchem ACC 572 - Goldcrest International PC81x - Multicore Solders Inc. Prelete® - Dow Chemical Co. Proact® - Dow Chemical Co. Propaklone - INEOS Fluor Rust Inhibitor B007 - Crown Industrial Products S. E. M. I. Grade-Dow Chemical Co. Safety Solvent 8060 - Crown Industrial Products Shine Pearl-Toagosei Co. Solvent Cleaner/Degreas. C60 - Sprayway, Inc. Solvethane-Solvay Fluor GMBH SonicSolve xxx - London Chemical Co. (Lonco) SS - 25 - National Chemsearch Sunlovely-National Chemsearch Sunlovely-Asahi Glass Co. Ltd. Super solution-Pang Rubber Co. Swish-National Chemsearch Tafclen-Asahi Chemical Industry Co. Ltd. Tempilaq-Tempil, Inc. Three Bond 1802 - Three Bond Tec(s) Pte. Ltd. Three Bond xxx - Three Bond Tec(s) Pte. Ltd. Three one - Toagosei Co. Three One - A - Toagosei Co. Three One - AH - Toagosei Co. Three One - EX - Toagosei Co. Three One - F - Toagosei Co. Three One - HS - Toagosei Co. Three One - R - Toagosei Co. Three One - S - Toagosei Co. Three One - S(M) - Toagosei Co. Three One - T - Toagosei Co. Three One - TH - Toagosei Co. Tipp - Ex - Toagosei Co. Toyoclean-Tosoh Toyoclean AL - Tosoh Toyoclean ALS - Tosoh	

（续表）

化学物名称	品名及经销商	化学文摘社（CAS）登记号
	Toyoclean EE – Tosoh Toyoclean EM – Tosoh Toyoclean HS – Tosoh Toyoclean IC – Tosoh Toyoclean NH – Tosoh Toyoclean O – Tosoh Toyoclean SE – Tosoh Toyoclean T – Tosoh Triethane PPG – Tosoh	
溴甲烷（CH_3Br）	50 – 50 Preplant Soil Fumigant-AmeriBrom，Inc. (subsidiary of Dead Sea Bromine Group)[xvii] 57 – 43 Preplant Soil Fumigant-AmeriBrom，Inc. (subsidiary of Dead Sea Bromine Group) 67 – 33 – Great Lakes Chemical Corporation 67 – 33 Preplant Soil Fumigation-AmeriBrom，Inc. (subsidiary of Dead Sea Bromine Group) 70 – 30 Preplant Soil Fumigation-AmeriBrom，Inc. (a subsidiary of Dead Sea Bromine Group) 75 – 25 Preplant Soil Fumigation-AmeriBrom，Inc. (a subsidiary of Dead Sea Bromine Group) 80 – 20 Preplant Soil Fumigation-AmeriBrom，Inc. (a subsidiary of Dead Sea Bromine Group) 98 – 2 – Great Lakes Chemical Corporation 98 – 2 – AmeriBrom，Inc. (a subsidiary of Dead Sea Bromine Group) Agrobromo 50 – Agroquímicos de Levante S. A. Agrobromo 98 – Agroquímicos de Levante S. A. Agro – O – Gas 50 – Cerexagri SA Ameribrom Methyl Bromide-Grain Fumigant-AmeriBrom，Inc. (a subsidiary of Dead Sea Bromine Group) Bercema – Unknown BROM 70/30 – Soil Chemicals Corporation Brom O Gas – Cerexagri SA BROM – 76 – Soil Chemicals Corporation BRO – MEAN C – 2R – Reddick Fumigants Inc. BRO – MEAN C – 33 – Reddick Fumigants Inc. BRO – MEAN C – O – Reddick Fumigants Inc. Bromocoop (with methyl bromide)– Vinexport S. A. Bromofifty-Bromine Compounds Ltd. (a subsidiary of Dead Sea Bromine Company，Ltd.)	74 – 83 – 9

（续表）

化学物名称	品名及经销商	化学文摘社 （CAS） 登记号
	Brom－O－Gas-Great Lakes Chemical Corporation Brom－O－Gas 0.25％- Great Lakes Chemical Corporation Brom－O－Gas 0.5％- Great Lakes Chemical Corporation Brom－O－Gas 2％- Great Lakes Chemical Corporation Brom－O－Gas R－Great Lakes Chemical Corporation Bromopic－Bromine Compounds Ltd.（a subsidiary of Dead Sea Bromine Company，Ltd.） Brom－O－Sol-Great Lakes Chemical Corporation Brom－O－Sol 90－Great Lakes Chemical Corporation Brozone Preplant Soil Fumigant-Dow AgroSciences LLC Celfume-Unknown Curafume-Unknown Dowfume MC－2 soil fumigant-Unknown Dowfume MC－33 soil fumigant-Albemarle Corporation EDCO－Unknown Embafume-Unknown Halon 1001－Unknown Haltox-Unknown Iscabrome-Unknown Iscobrome-Unknown Kayafume-Unknown MB 98－2 Penetrating Fumigant-Asgrow Florida Co. MBC Soil Fumigant-Hendrix and Dail, Inc. MBC Soil Fumigant Concentrate-Hendrix and Dail，Inc. MBC－33 Soil Fumigant-Hendrix and Dail，Inc. M－B－R 2 Pentrating Fumigating-Albemarle Corporation M－B－R 75－Albemarle Corporation Mebrom 100－Mebrom N. V. Mebrom 50/50－Mebrom N. V. Mebrom 67/33－Mebrom N. V. Mebrom 75/25－Mebrom N. V. Mebrom 98－Mebrom N. V. Mebrom AA－Mebrom N. V. Metabrom-Bromine Compounds Ltd.（a subsidiary of Dead Sea Bromine Company，Ltd.） Metabrom 100－AmeriBrom，Inc.（a subsidiary of Dead Sea Bromine Group） Metabrom 98－AmeriBrom，Inc.（a subsidiary of Dead Sea Bromine Group） Metabrom 99－AmeriBrom，Inc.（a subsidiary of Dead Sea Bromine Group）	

（续表）

化学物名称	品名及经销商	化学文摘社（CAS）登记号
	Metabrom Q - AmeriBrom，Inc.（a subsidiary of Dead Sea Bromine Group） Metafume-Unknown Meth - O - Gas 100 - Great Lakes Chemical Corporation Meth - O - Gas Q - Great Lakes Chemical Corporation Methyl bromide - ARKEMA SA Methyl bromide-Ethyl Corporation Methyl bromide-Nippoh Chemical Co.，Ltd. Methyl bromide-Sanko Chemical Industry Co. Ltd. Methyl bromide-Dohkai Chemical Industry Co.，Ltd. Methyl bromide-SC Sinteza SA Methyl bromide-Ichikawa Gohsei Chemical Co.，Ltd. Methyl bromide-Chemicrea Co. Ltd. Methyl bromide-Lianyungang Seawater Chemical First Plant（Lianyungang Dead Sea Bromine）[xviii] Methyl bromide-Zhejiang Linhai Limin Chemical Plant Methyl bromide - M/S Tata Chemicals Ltd. Methyl bromide-Saki Chemical Plant Methyl Bromide-Great Lakes Chemical Corporation Methyl bromide-Teijin Chemicals Ltd. Methyl bromide-Asahi Glass Co. Ltd. Methyl Bromide 100 - AmeriBrom，Inc.（a subsidiary of Dead Sea Bromine Group） Methyl Bromide 100 - Soil Chemicals Corporation Methyl Bromide 100%- Dead Sea Bromine Co.，Ltd. Methyl Bromide 50%- Dead Sea Bromine Co.，Ltd. Methyl Bromide 50kg cylinder-Taizhou Xingye Chemical Factory[xix] Methyl Bromide 67%- Dead Sea Bromine Co.，Ltd. Methyl Bromide 681g/Tin，24Tin/box-Taizhou Xingye Chemical Factory Methyl Bromide 89.5%- Trical Methyl bromide 98(M - B - R 98)- Albemarle Corporation Methyl Bromide 98%- Dead Sea Bromine Co.，Ltd. Methyl Bromide 98%- Soil Chemicals Corporation Methyl Bromide 99.5 - Great Lakes Chemical Corporation Methyl Bromide 99.5%- Shadow Mountain Products Corporation Methyl Bromide 99.5%- Soil Chemicals Corporation Methyl Bromide 99.75%- Soil Chemicals Corporation Methyl Bromide Quarantine Fumigant-Soil Chemicals Corporation Methyl Bromide Technical (M - B - R 98 Technical)- Albemarle Corporation	

（续表）

化学物名称	品名及经销商	化学文摘社（CAS）登记号
	Methyl Bromide，100%– Penglai Chemical，Inc. ˣˣ Methyl Bromide，98% + 2% Chloropicrin-Penglai Chemical，Inc. Pestmaster-Michigan Chemical Corp. PIC BROM 25 – Soil Chemicals Corporation PIC BROM 33 – Soil Chemicals Corporation PIC BROM 43 – Soil Chemicals Corporation PIC BROM 50 – Soil Chemicals Corporation PIC BROM 55 – Soil Chemicals Corporation PIC BROM 67 – Soil Chemicals Corporation Rootect Oil(with DCIP)– Unknown Rotox-Unknown Sanibrom S Biocide Technical-Great Lakes Chemical Corporation SCL Methyl Bromide 98 – Soil Chemicals Corporation Terabol-Unknown Terr – O – Cide II – Great Lakes Chemical Corporation Terr – O – Gas-Cerexagri SA Terr – O – Gas 33 Prelant soil fumigant-Great Lakes Chemical Corporation Terr – O – Gas 33 preplant soil fumigant-Great Lakes Chemical Corporation Terr – O – Gas 45 preplant soil fumigant-Great Lakes Chemical Corporation Terr – O – Gas 50 preplant soil fumigant-Great Lakes Chemical Corporation Terr – O – Gas 57 preplant soil fumigant-Great Lakes Chemical Corporation Terr – O – Gas 67 preplant soil fumigant-Great Lakes Chemical Corporation Terr – O – Gas 70 preplant soil fumigant-Great Lakes Chemical Corporation Terr – O – Gas 75 preplant soil fumigant-Great Lakes Chemical Corporation Terr – O – Gas 80 preplant soil fumigant-Great Lakes Chemical Corporation Terr – O – Gas 98 preplant soil fumigant-Great Lakes Chemical Corporation Terrogel 67 – Great Lakes Chemical Corporation TRI – BROM – TriCal TRI – CON 45/55 – TriCal TRI – CON 50/50 Preplant Soil Fumigant-TriCal	

（续表）

化学物名称	品名及经销商	化学文摘社（CAS）登记号
	TRI－CON 57/43 Preplant Soil Fumigant-TriCal TRI－CON 67/33 Preplant Soil Fumigant-TriCal TRI－CON 75/25 Preplant Soil Fumigant-TriCal TRI－CON 76/24 Preplant Soil Fumigant-TriCal TRI－CON 80/20 Preplant Soil Fumigant-TriCal Zytox－Unknown	
二溴氟甲烷 （$CHFBr_2$）		1868－53－7
溴二氟甲烷 HBFC－12B1 （CHF_2Br）		1511－62－2
氟溴甲烷 （CH_2FBr）		373－52－4
四溴氟乙烷 （C_2HFBr_4）		
二氟三溴乙烷 （$C2HF_2Br_3$）		
二溴三氟乙烷 （$C_2HF_3Br_2$） 1,2-二溴-1,1, 2-三氟乙烷	FC－123B2	354－04－1
一溴四氟乙烷 （C_2HF_4Br） 1,1,1,2-四氟- 2-溴乙烷 1-溴-1,1,2, 2-四氟乙烷		124－72－1 354－07－4
一氟三溴乙烷 （$C_2H_2FBr_3$）		
二氟二溴乙烷 （$C_2H_2F_2Br_2$） 1,1-二溴-2, 2-二氟乙烷 1, 2-二溴-1, 1-二氟乙烷		359－19－3 75－82－1

（续表）

化学物名称	品名及经销商	化学文摘社（CAS）登记号
三氟一溴乙烷 （$C_2H_2F_3Br$）		
二溴氟乙烷 （$C_2H_3FBr_2$） 1,2-二溴-1-氟乙烷；1,2-二溴氟乙烷		358 - 97 - 4
溴二氟甲烷 （$C_2H_3F_2Br$） 2-溴-1,1-二氟乙烷 1-溴-1,1-二氟乙烷		359 - 07 - 9 420 - 47 - 3
溴氟甲烷 （C_2H_4FBr） 1-溴-2-氟乙烷；	FC - 151B1	762 - 49 - 2
六溴氟丙烷 （C_3HFBr_6）		
五溴二氟丙烷 （$C_3HF_2Br_5$）		
四溴三氟丙烷 （$C_3HF_3Br_4$）		
三溴四氟丙烷 （$C_3HF_4Br_3$）		
二溴五氟丙烷 （$C_3HF_5Br_2$）		
溴六氟丙烷 （C_3HF_6Br） 1-溴-1,1,2,3,3,3-六氟丙烷		2252 - 78 - 0
五溴氟丙烷 （$C_3H_2FBr_5$）		
四溴三氟丙烷 （$C_3H_2F_2Br_4$）		

（续表）

化学物名称	品名及经销商	化学文摘社（CAS）登记号
三溴三氟丙烷 （$C_3H_2F_3Br_3$） 1,2,2-三溴-3, 3,3-三氟丙烷		
二溴四氟丙烷 （$C_3H_2F_4Br_2$） 1,3-二溴-1, 1,3,3-四氟丙烷		
溴五氟丙烷 （$C_3H_2F_5Br$）		
四溴氟丙烷 （$C_3H_3FBr_4$）		
三溴二氟丙烷 （$C_3H_3F_2Br_3$） 1,2,3-三溴-3, 3-二氟丙烷		
二溴三氟丙烷 （$C_3H_3F_3Br_2$） 1,2-二溴-3,3, 3-三氟丙烷；2, 3-二溴-1, 1,1-三氟丙烷		431-21-0
溴四氟丙烷 （$C_3H_3F_4Br$）		
三溴氟丙烷 （$C_3H_4FBr_3$）		
二溴二氟丙烷 （$C_3H_4F_2Br_2$） 1,3-二溴-1, 1-二氟		460-25-3
溴三氟丙烷 （$C_3H_4F_3Br$） 3-溴-1,1, 1-三氟丙烷		460-32-2
二溴氟丙烷 （$C_3H_5FBr_2$）		

(续表)

化学物名称	品名及经销商	化学文摘社 （CAS） 登记号
溴二氟丙烷 （$C_3H_5F_2Br$）		
溴氟丙烷 （C_3H_6FBr） 丙烷,1-溴- 2-氟-1- 溴-3-氟丙烷		1871 - 72 - 3 352 - 91 - 0
溴氯甲烷 （CH_2BrCl）		74 - 97 - 5
受限制的混合物	Free Zone Freeze 12 FRIGC FR - 12 FX - 10 FX - 56 GHG - HP GHG - X4 GHG - X5 G2018C Hotshot HP - 80 HP - 81 Isceon 69 - L MP - 39 MP - 52 MP - 66 NARM - 502 R - 176 R - 401A R - 401B R - 401C R - 402A R - 402B R - 403B R - 406A R - 408A R - 409A R - 411A R - 411B R - 414A R - 414B	

二类

化学物名称	品名及经销商	化学文摘社（CAS）登记号
二氯一氟甲烷 HCFC - 21 （CHFCl$_2$）	Khladon Fluorocarbon R21 Fluorodichloromethane – JSC "Halogen" Russia	75 - 43 - 4
一氯二氟甲烷 HCFC - 22 （CHF$_2$Cl） R22	Algofrene 22 – Montefluos S. P. A. Algofrene 22 – Ausimont SPA Algofrene 502 – Ausimont SPA Arcton 22 – INEOS Fluor Arcton 402A – INEOS Fluor Arcton 402B – INEOS Fluor Arcton 408A – INEOS Fluor Arcton 409A – INEOS Fluor Arcton 412A – INEOS Fluor Arcton 502 – INEOS Fluor Arcton 509 – INEOS Fluor Arcton TP5R – INEOS Fluor Arcton TP5R2 – INEOS Fluor Asahifron R – 22 – Asahi Glass Co. Ltd. Asahifron R – 502 – Asahi Glass Co. Ltd. Daiflon 22 – Daikin Industries Ltd. Daiflon 502 – Daikin Industries Ltd. Di 36 – Ausimont SPA Di 44 – Ausimont SPA Dymel 22 – DuPont-Mitsui Fluorochemicals Co. Ltd Flon Showa 22 – Showa Denko K. K. Flon Showa 502 – Showa Denko K. K. Floron 22 – SRF Limited Flugene 22 – Continental Industries Flugene 22 – Sicno Chemical Industries of Northern Greece Forane 22 – ARKEMA SA Forane 502 – ARKEMA SA Forane FX 10 – ARKEMA SA Forane FX 20 – ARKEMA SA Forane FX 55 – ARKEMA SA Forane FX 56 – ARKEMA SA Forane FX 57 – ARKEMA SA Formacel S – DuPont-Mitsui Fluorochemicals Co. Ltd Freon 22 – DuPont Fluoroproducts Freon – 22 – DuPont Fluoroproducts Freon – 502 – DuPont Fluoroproducts	75 - 45 - 6

化学物名称	品名及经销商	化学文摘社（CAS）登记号
	Frigen 22 – Solvay Fluor GMBH FX – 56 – ARKEMA SA G2015 – Greencool G2018A – Greencool G2018B – Greencool G2018C – Greencool Genetron 22 – Quimobasicos s. a. de c. v. Genetron 22 – Honeywell（formerly Allied-Signal Inc.） Genetron 408A – Honeywell（formerly Allied-Signal Inc.） Genetron 409A – Honeywell（formerly Allied-Signal Inc.） Genetron 502 – Honeywell（formerly Allied-Signal Inc.） Genetron 502 – Quimobasicos s. a. de c. v. Genetron HP80 – Honeywell（formerly Allied-Signal Inc.） Genetron HP81 – Honeywell（formerly Allied-Signal Inc.） Genetron MP39 – Honeywell（formerly Allied-Signal Inc.） Genetron MP66 – Honeywell（formerly Allied-Signal Inc.） GHG – Monroe Air Tech GHG12 – ICOR International（formerly Indianapolis Refrigeration Co. Inc.） GHG – HP – People's Welding Supply GHG – X4 – People's Welding Supply GHG – X5 – People's Welding Supply HCFC – 22 – Chemical Industries of Northern Greece SA HCFC – 22 – Chemicals and Plastics India Ltd. HCFC – 22 – Firefreeze International HCFC – 22 – Gujarat Fluorochemicals Ltd. HCFC – 22 – Hankook Shin Hwa HCFC – 22 – SRF Limited HCFC – 22 – Daikin Industries Ltd. Hot Shot – ICOR International（formerly Indianapolis Refrigeration Co. Inc.）[xxi] ISCEON 22 – Rhodia ISCEON 502 – Rhodia ISCEON 69 – L – Rhodia ISCEON 69S – Rhodia Khladon Fluorocarbon R22 Difluorochloromethane – JSC "Halogen" Russia Korfron 22 – Ulsan Chemical Co. , Ltd. Mc Cool R – 12 – McMullen Oil Products Inc. NAF P – III – North American Fire Guardian NAF S III – Safety Hi – Tech srl	

（续表）

化学物名称	品名及经销商	化学文摘社（CAS）登记号
	NAF S‑III‑North American Fire Guardian NARM‑502‑Moncton Refrigerants Oxyfume 2002‑Honeywell（formerly Allied-Signal Inc.）[xxii] R22‑Protocol Resource Management Inc. R502‑Protocol Resource Management Inc. Solkane 22‑Solvay Fluor GMBH Solkane 22/142b blends‑Solvay Fluor GMBH Solkane 406A‑Solvay Fluor GMBH Solkane 409A‑Solvay Fluor GMBH Suva HP80‑DuPont Fluoroproducts Suva HP81‑DuPont Fluoroproducts Suva MP39‑DuPont Fluoroproducts Suva MP52‑DuPont Fluoroproducts Suva MP66‑DuPont Fluoroproducts Taisoton 22‑Formosa Plastics	
氯氟甲烷 HCFC‑31 （CH_2FCl）		593‑70‑4
四氯氟乙烷 HCFC‑121 （C_2HFCl_4）		354‑14‑3
三氯二氟乙烷 HCFC‑122 （$C_2HF_2Cl_3$）		354‑21‑2
二氯三氟乙烷 HCFC‑123 （$C_2HF_3Cl_2$）	Asahiklin AK‑123‑Asahi Glass Co. Ltd. Blitz III‑North American Fire Guardian FE‑232‑DuPont Fluoroproducts Forane 123‑ARKEMA SA Genesolv 2123‑Honeywell（formerly Allied-Signal Inc.） Genesolv 2127‑Honeywell（formerly Allied-Signal Inc.） Genetron 123‑Honeywell（formerly Allied-Signal Inc.） Halotron 1‑North American Fire Guardian Halotron I‑American Pacific Corporation/Halotron，Inc. HCFC‑123‑Especial Gas Inc. HCFC‑123 Generic‑Kanto Denka Kogyo Co. Meforex 123‑Ausimont SPA NAF P III‑Safety Hi-Tech srl NAF P IV‑Safety Hi-Tech srl	306‑83‑2

（续表）

化学物名称	品名及经销商	化学文摘社（CAS）登记号
	NAF P - III - North American Fire Guardian NAF S III - Safety Hi-Tech srl NAF S - III - North American Fire Guardian R123 - Protocol Resource Management Inc. R - 123 - Foosung Tech Corporation Solkane 123 - Solvay Fluor GMBH Suva 123 - DuPont Fluoroproducts Vertrel 423 - DuPont-Mitsui Fluorochemicals Co. Ltd	
氯四氟乙烷 HCFC - 124 （C_2HF_4Cl）	Arcton 409A - INEOS Fluor Asahiklin AK - 124 - Asahi Glass Co. Ltd. Di 24 - Ausimont SPA Di 36 - Ausimont SPA FE - 241 - DuPont Fluoroproducts Forane FX 56 - ARKEMA SA Forane FX 57 - ARKEMA SA FRIGC - IGC Intermagnetics General FRIGC FR - 12 - Intermagnetics General FRIGC FR - 12 - CFC Refimax，LLC FX - 56 - ARKEMA SA Genetron 124 - Honeywell(formerly Allied-Signal Inc.) Genetron 409A - Honeywell(formerly Allied-Signal Inc.) Genetron MP39 - Honeywell(formerly Allied-Signal Inc.) Genetron MP66 - Honeywell(formerly Allied-Signal Inc.) GHG - X4 - People's Welding Supply HCFC - 124 - InterCool Energy Corporation Hot Shot - ICOR International(formerly Indianapolis Refrigeration Co. Inc.) Meforex 124 - Ausimont SPA NAF P III - Safety Hi-Tech srl NAF P - III - North American Fire Guardian NAF S III - Safety Hi-Tech srl NAF S - III - North American Fire Guardian Oxyfume 2000 - Honeywell(formerly Allied-Signal Inc.) Oxyfume 2002 - Honeywell(formerly Allied-Signal Inc.) Solkane 409A - Solvay Fluor GMBH Suva 124 - DuPont Fluoroproducts Suva MP39 - DuPont Fluoroproducts Suva MP52 - DuPont Fluoroproducts Suva MP66 - DuPont Fluoroproducts	2837 - 89 - 0

（续表）

化学物名称	品名及经销商	化学文摘社（CAS）登记号
三氯氟乙烷 HCFC - 131 （$C_2H_2FCl_3$）		359 - 28 - 4
二氯二氟乙烷 HCFC - 132b （$C_2H_2F_2Cl_2$）		1649 - 08 - 7
氯三氟乙烷 HCFC - 133a （$C_2H_2F_3Cl$）		75 - 88 - 7
二氯氟乙烷 HCFC - 141b （$C_2H_3FCl_2$）	Asahiklin AK - 141b - Asahi Glass Co. Ltd. Forane 141b - ARKEMA SA Friogas 141b - Galco Genesolv 2000 - Honeywell(formerly Allied-Signal Inc.) Genesolv 2004 - Honeywell(formerly Allied-Signal Inc.) Genetron 141b - Honeywell(formerly Allied-Signal Inc.) HCFC - 141b - Roche Chemicals Inc. HCFC - 141b - Central Glass Co. Ltd. HCFC - 141b - Daikin Industries Ltd. HCFC - 141b MS - Daikin Industries Ltd. HyperClean Circuit Cleaner - Micro Care Corp Korfron 141b - Ulsan Chemical Co. , Ltd. Meforex 141b - Ausimont SPA Polioi Poliuretano ICI - INEOS Fluor Solkane 141b - Solvay Fluor GMBH Solkane 141b CN - Solvay Fluor GMBH Solkane 141b DH - Solvay Fluor GMBH Solkane 141b MA - Solvay Fluor GMBH Solkane 141b WE - Solvay Fluor GMBH	1717 - 00 - 6
氯二氟乙烷 HCFC - 142b （$C_2H_3F_2Cl$）	Arcton 409A - INEOS Fluor Arcton 412A - INEOS Fluor Arcton TP5R - INEOS Fluor Asahiklin AK - 142b - Asahi Glass Co. Ltd. Daiflon 142b - Daikin Industries Ltd. Dymel 142b - DuPont-Mitsui Fluorochemicals Co. Ltd Forane 142b - ARKEMA SA Forane FX 55 - ARKEMA SA Forane FX 56 - ARKEMA SA Forane FX 57 - ARKEMA SA Free Zone RB - 276 - Refrigerant Gases Freeze 12 - Technical Chemical Co.	75 - 68 - 3

（续表）

化学物名称	品名及经销商	化学文摘社（CAS）登记号
	Freezone – Freezone Inc.（formerly Patriot Consumer Products Inc.）[xxiii] FX – 56 – ARKEMA SA G2015 – Greencool Genetron 142b – Honeywell（formerly Allied-Signal Inc.） Genetron 409A – Honeywell（formerly Allied-Signal Inc.） GHG – Monroe Air Tech GHG12 – ICOR International（formerly Indianapolis Refrigeration Co. Inc.） GHG – HP – People's Welding Supply GHG – X4 – People's Welding Supply GHG – X5 – People's Welding Supply HCFC – 142b – Daikin Industries Ltd. HCFC – 142b – Central Glass CO. Ltd. HCFC – 142b – Roche Chemicals Inc. Hot Shot – ICOR International formerly Indianapolis Refrigeration Co. Inc.） Korfron 142b – Ulsan Chemical Co.，Ltd. Mc Cool R – 12 – McMullen Oil Products Inc. Meforex 142b – Ausimont SPA Solkane 142b – Solvay Fluor GMBH Solkane 22/142b blends – Solvay Fluor GMBH Solkane 406A – Solvay Fluor GMBH Solkane 409A – Solvay Fluor GMBH	
六氯氟丙烷 HCFC – 221 (C_3HFCl_6)		422 – 26 – 4
五氯二氟丙烷 HCFC – 222 $(C_3HF_2Cl_5)$		422 – 49 – 1
四氯三氟丙烷 HCFC – 223 $(C_3HF_3Cl_4)$		422 – 52 – 6
三氯四氟丙烷 HCFC – 224 $(C_3HF_4Cl_3)$		422 – 54 – 8
二氯五氟丙烷 HCFC – 225ca $(C_3HF_5Cl_2)$		422 – 56 – 0

（续表）

化学物名称	品名及经销商	化学文摘社（CAS）登记号
二氯五氟丙烷 HCFC - 225cb （$C_3HF_5Cl_2$）		507 - 55 - 1
氯六氟丙烷 HCFC - 226 （C_3HF_6Cl）		431 - 87 - 8
五氯氟丙烷 HCFC - 231 （$C_3H_2FCl_5$）		421 - 94 - 3
四氯二氟丙烷 HCFC - 232 （$C_3H_2F_2Cl_4$）		460 - 89 - 9
三氯三氟丙烷 HCFC - 233 （$C_3H_2F_3Cl_3$）		7125 - 84 - 0
二氯四氟丙烷 HCFC - 234 （$C_3H_2F_4Cl_2$）		425 - 94 - 5
氯五氟丙烷 HCFC - 235 （$C_3H_2F_5Cl$）		460 - 92 - 4
四氯氟丙烷 HCFC - 241 （$C_3H_3FCl_4$）		666 - 27 - 3
三氯二氟丙烷 HCFC - 242 （$C_3H_3F_2Cl_3$）		460 - 63 - 9
二氯三氟丙烷 HCFC - 243 （$C_3H_3F_3Cl_2$）		460 - 69 - 5
氯四氟丙烷 HCFC - 244 （$C_3H_3F_4Cl$）		679 - 85 - 6
三氯氟丙烷 HCFC - 251 （$C_3H_4FCl_3$）		421 - 41 - 0

（续表）

化学物名称	品名及经销商	化学文摘社（CAS）登记号
二氯二氟丙烷 HCFC - 252 （$C_3H_4F_2Cl_2$）		819 - 00 - 1
氯三氟丙烷 HCFC - 253 （$C_3H_4F_3Cl$）		460 - 35 - 5
二氯氟丙烷 HCFC - 261 （$C_3H_5FCl_2$）		420 - 97 - 3
氯二氟丙烷 HCFC - 262 （$C_3H_5F_2Cl$）		421 - 02 - 03
一氯一氟丙烷 HCFC - 271 （C_3H_6FCl）		430 - 55 - 7

译者注：

i　Changshu 3F Refrigerant Plant 常熟三爱富氟化工有限责任公司

ii　Jiangsu Meilan Electric Chemical Plant 江苏梅兰化工有限公司

iii　Suzhou Xinye Chemical Co. Ltd. 苏州新业化工有限公司

iv　Zhejiang Linhai Limin Chemical Plant 浙江临海利民化工厂

v　Zhejiang Juhua Fluorchemical Co. Ltd. 浙江巨化氟化工有限公司

vi　Unknown 未知

vii　Zhejiang Dongyang Chemical Plant 浙江东阳化工有限公司

viii　Fujian Shaowu Fluorchemical Plant 福建邵武氟化工厂

ix　Guangdong Zengcheng Xiangsheng Chemical Co. Ltd. 广东增城祥盛化工有限公司

x　Jiangsu Changshu Yudong Chemical Plant 江苏常熟虞东化工厂

xi　Zhejiang Chemical Research Institute 浙江化工研究院

xii　Jiangsu Wuxian Chemical Plant 江苏吴县化工厂

xiii　Foshan Electral-Chemical General Plant 佛山电化总厂

xiv　Shandong Shouguang Plant 山东寿光厂

xv　Navin Fluorine Industries 纳文氟化工有限公司

xvi　Dalian Fire Extinguishing Agent Plant 大连消防器材厂

xvii　隶属 Dead Sea Bromine Group 集团公司的子公司

xviii　Lianyungang Seawater Chemical First Plant 连云港市海水化工一厂（现名连云港海水化工有限公司）；Linanyung Dead Sea Bromine 连云港死海溴化物有限公司（该公司为连云港市海水化工有限公司与以色列 Dead Sea Bromine Group 共同投资成立的合资企业）。

xix　Taizhou Xingye Chemical Factory 台州市兴业化工有限公司

xx　Penglai Chemical，Inc. 蓬莱化工股份有限公司

xxi　原名 Indianapolis Refrigeration Co. Inc.

xxii　原名 Allied-Signal Inc.

xxiii　原名 Patriot Consumer Products Inc.

F.5 政府部门联系方式

U. S. Department of Agriculture

Agricultural Marketing Service

Washington，DC 20250

Tel.：202. 720. 8998

www. ams. usda. gov

Animal and Plant Health Inspection Service（APHIS）

Animals：

USDA-APHIS-VS

Riverdale，MD 20737 – 1231

Tel.：301. 734. 7885

Plants：

USDA-APHIS-PPQ

Riverdale，MD 20737 – 1231

Tel.：301. 734. 8896

www. aphis. usda. gov

Food Safety and Inspection Service

Import Inspection Division

Landmark Center

1299 Farnam，Suite 300

Omaha，NE 68102

Tel.：402. 221. 7400

Foreign Agricultural Service

Room 5531 – S

Washington，D. C. 20250 – 1000

Tel. : 202. 720. 2916

Fax: 202. 720. 8076

www. usda. gov

U. S. Department of Commerce

Exporter Counseling Division

14th Street & Pennsylvania Ave. , N. W.

Washington, DC 20230

Tel. : 202. 482. 4811

www. bxa. doc. gov

National Marine Fisheries Service Headquarters

National Oceanic and Atmospheric Administration

1315 East-West Highway

Silver Spring, MD 20910

Tel. : 301. 713. 2289

NMFS Southwest Region

Protected Species Management Division

501 West Ocean Blvd.

Long Beach, CA 90802 – 4213

Tel. : 562. 980. 4019

www. kingfish. ssp. nms. gov

Federal Communications Commission

Laboratory Division

7435 Oakland Mills Road

Columbia, MD 21046

Tel. : 301. 362. 3000

www. fcc. gov

U. S. Consumer Product Safety Commission

Office of Compliance

4330 East West Highway

Bethesda，MD 20814

Tel. ：301. 504. 0608

Fax：301. 504. 0359

www. cpsc. gov

Environmental Protection Agency

Hazardous Materials Hotline

Tel. ：1. 800. 424. 9346

TSCA Assistance Information Service

Tel. ：202. 554. 1404

Motor Vehicles Investigation/Imports Section

2000 Traverwood Drive

Ann Arbor，MI 48105

Attn：Imports Division

Tel. ：734. 214. 4100

U. S. Department of Health and Human Services

Food and Drug Administration

Center for Biologics Evaluation and Research

1401 Rockville Pike

Suite 200 North

Rockville，MD 20852

Tel. : 301. 827. 6201

www. fda. gov/cber

Center for Drug Evaluation and Research

7520 Standish Place

Rockville, MD 20855

Tel. : 301. 594. 3150

www. fda. gov/cber

Center for Devices and Radiological Health

Rockville, MD 20850

Tel. : 301. 594. 4692

www. fda. gov/cber

Division of Import Operations and Policy (HFC-170)

5600 Fishers Lane

Rockville, MD 20857

Tel. : 301. 443. 6553

Fax: 301. 594. 0413

www. fda. gov/ora/import

Center for Food Safety and Applied Nutrition

Office of Food Labeling (HFS-156)

200 "C" St. , NW

Washington, DC 20204

Tel. : 202. 205. 4606

http//vm. cfsan. fda. gov

Office of Seafood

Washington，DC 20005

Tel.：202. 418. 3150

U. S. Public Health Service

Centers for Disease Control and Prevention

Office of Health and Safety

1600 Clifton Road

Atlanta，Georgia 30333

Tel.：404. 639. 3235

www. cdc. gov

U. S. Department of Energy

Office of Codes and Standards

Washington，DC 20585

Tel.：202. 586. 9127

www. eren. doe. gov

U. S. Department of Homeland Security

U. S. Coast Guard

Office of Boating Safety

2100 Second Street，SW

Washington，DC 20593 – 0001

Tel.：202. 267. 1077

National Vessel Documentation Center

792 T. J. Jackson Drive

Falling Waters，W. Va. 25419 – 9502

Tel.：304. 271. 2400

Fax: 304. 271. 2405

U. S. Customs and Border Protection

Office of Regulations and Rulings

1300 Pennsylvania Avenue NW

Washington, DC 20229

Tel. : 202. 572 - 8700

National Commodity Specialist Division

One Penn Plaza

11th Floor

New York, NY 10119

Tel. : 201. 443. 0367

Fax: 201. 443. 0595

Office of Field Operations

Trade Programs Division

1300 Pennsylvania Ave. NW

Washington, DC 20229

Tel. : 202. 344. 0300

U. S. Department of the Interior

Fish and Wildlife Service

Office of Management Authority

4401 N. Fairfax Drive

Arlington, VA 22203

Tel. : 703. 358. 2093

www. fws. gov

U. S. Department of Justice

Bureau of Alcohol, Tobacco, Firearms and Explosives

650 Massachusetts Avenue NW

Washington, DC 20226

Tel. : 1. 866. 662. 2750 (arms, ammunition, and explosives import licenses)

Drug Enforcement Administration

700 Army - Navy Drive

Arlington VA 22202

Tel. : 202. 307. 7977

www. usdoj. gov/dea

Nuclear Regulatory Commission

Office of International Programs

One White Flint North

11555 Rockville Pike

Rockville, MD 20852

Tel. : 301. 415. 7000

Federal Trade Commission

Bureau of Consumer Protection

Washington, DC 20580

Tel. : 202. 326. 2996

Division of Enforcement

Washington, DC 20580

Tel. : 202. 326. 2996

www. ftc. gov

International Trade Commission

500 "E" Street, SW

Washington, DC 20436

Tel. : 202. 205. 2000

www. usitc. gov

U. S. Department of State

Office of Defense Trade Controls

Bureau of Political/Military Affairs

2401 "E" Street, NW

Washington, DC 20037

Tel. : 202. 663. 2700

www. pmdtc. org

U. S. Department of Transportation

National Highway Traffic Safety Administration

Office of Vehicle Safety Compliance (NEF - 32)

400 7th Street SW

Washington, DC 20590

Tel. : 1 - 800 - 424 - 9393

Fax: 202. 366. 1024

www. nhtsa. dot. gov

Office of Hazardous Materials

400 7th Street SW

Washington, DC 20590 - 0001

Tel. : 202. 366. 4488

U. S. Department of the Treasury

Alcohol and Tobacco Tax and Trade Bureau

Washington, DC 20220

Tel.：1. 877. 882. 3277

Email：ttbimport@ttb. gov（alcohol importer's basic permit，alcohol excise taxes）

alfd@ttb. gov（alcohol labeling，advertising，and formulation）

ttbtobacco@ttb. gov（tobacco products）

ttbfaet@ttb. gov（firearms and ammunition excise tax）

Main Website：www. ttb. gov

Office of Foreign Assets Control

1500 Pennsylvania Avenue NW

Washington，DC 20220

Tel.：202. 622. 2500

Fax：202. 622. 1657

www. treas. gov/offices/enforcement/ofac/index. shtml